Lernkrimi Französisch

DER WEIN DES VERDERBENS

Story: Gabriele Valerius
Übersetzung: Cécile Frère
Übungen: Rosemary Luksch

Compact Verlag

Bisher sind in dieser Reihe erschienen:
- Compact Lernkrimi Englisch:
  Grundwortschatz, Aufbauwortschatz, Grammatik, Konversation
- Compact Lernkrimi Englisch GB/US: Grammatik, Konversation
- Compact Lernkrimi Business English: Wortschatz, Konversation
- Compact Lernkrimi Französisch:
  Grundwortschatz, Aufbauwortschatz, Konversation, Grammatik
- Compact Lernkrimi Italienisch: Grundwortschatz, Grammatik
- Compact Lernkrimi Spanisch:
  Grundwortschatz, Aufbauwortschatz, Konversation, Grammatik
- Compact Lernkrimi Deutsch: Grundwortschatz, Grammatik

In der Reihe Schüler-Lernkrimi sind erschienen:
- Compact Schüler-Lernkrimi Englisch
- Compact Schüler-Lernkrimi Französisch
- Compact Schüler-Lernkrimi Spanisch
- Compact Schüler-Lernkrimi Latein
- Compact Schüler-Lernkrimi Deutsch: Grammatik, Aufsatz
- Compact Schüler-Lernkrimi Mathematik

In der Reihe Lernthriller sind erschienen:
- Compact Lernthriller Englisch:
  Grundwortschatz, Aufbauwortschatz, Grammatik, Konversation

In der Reihe Lernstory Mystery sind erschienen:
- Compact Lernstory Mystery Englisch:
  Grundwortschatz, Aufbauwortschatz

Weitere Titel sind in Vorbereitung.

© 2006 Compact Verlag München
Alle Rechte vorbehalten. Nachdruck, auch auszugsweise,
nur mit ausdrücklicher Genehmigung des Verlages gestattet.
Chefredaktion: Dr. Angela Sendlinger
Redaktion: Grit Sperlich
Fachredaktion: Aleth Sanchez
Produktion: Wolfram Friedrich
Titelillustration: Karl Knospe
Typographischer Entwurf: Maria Seidel
Umschlaggestaltung: Carsten Abelbeck

ISBN-13: 978-3-8174-7558-2
ISBN-10: 3-8174-7558-6
7275585

Besuchen Sie uns im Internet: www.compactverlag.de

Vorwort

Mit dem neuen, spannenden Compact Lernkrimi können Sie Ihre Französischkenntnisse auf schnelle und einfache Weise vertiefen, auffrischen und überprüfen.

Inspektor Cliquot erleichtert das Sprachtraining mit Action und Humor. Er und seine mysteriösen Fälle stehen im Mittelpunkt einer zusammenhängenden Story.

Der Krimi wird auf jeder Seite durch abwechslungsreiche und kurzweilige Übungen ergänzt, die das Lernen unterhaltsam und spannend machen.

Prüfen Sie Ihr Französisch in Lückentexten, Zuordnungs- und Übersetzungsaufgaben, in Buchstabenspielen und Kreuzworträtseln!

Ob im Bus oder in der Bahn, im Wartezimmer, zu Hause oder in der Mittagspause – das Sprachtraining im handlichen Format bietet die ideale Trainingsmöglichkeit für zwischendurch.

Schreiben Sie die Lösungen einfach ins Buch!

Die richtigen Antworten sind in einem eigenen Lösungsteil zusammengefasst.

Und nun kann die Spannung beginnen …

Viel Spaß und Erfolg!

Die Ereignisse und die handelnden Personen in diesem Buch sind frei erfunden. Etwaige Ähnlichkeiten mit tatsächlichen Ereignissen oder lebenden Personen wären rein zufällig und unbeabsichtigt.

Inhalt

Lernkrimi 5
Abschlusstest 135
Lösungen 140

Story

Inspektor Cliquot ist der beste Mann der Pariser Polizei. Wenn die Fälle mysteriös werden, die Polizei im Dunkeln tappt, ist Cliquot derjenige, der sich in die Untiefen der Pariser Verbrecherszene wagt.
Dieses Mal führen ihn die Spuren bis in die französische Provinz. Ein im Weinland Frankreich schier unglaublicher Mordfall erschüttert die Beteiligten: Ein bekannter Weinkritiker wird just bei einer Weinprobe mit einem guten Tropfen umgebracht. Brisant, brisant: Der tödliche Wein stammt von dem international renommierten Weingut Beauchamp im Burgund und der Ruf Frankreichs als Weinexporteur steht auf dem Spiel. Sollte der Weinkritiker wegen seiner Kritik eines Beauchamp-Weins mundtot gemacht werden? Oder wollte jemand den Winzer schädigen? Es könnte sich aber auch um eine Eifersuchtstat handeln ... Eine Schlägerei bringt Cliquot und seine Assistentin Nathalie schließlich auf die richtige Spur ...

Le vin du crime

L'inspecteur Cliquot était de très mauvaise humeur ce vendredi soir de septembre. Il pleuvait depuis plusieurs jours sur Paris. Le temps était grisâtre et venteux, beaucoup trop humide et froid pour ce mois. Du commissariat jusqu'au bar tabac du coin, le béret basque tant aimé de Cliquot était trempé. Par inadvertance, il avait marché à plusieurs reprises dans de grandes flaques et ses chaussures pleines d'eau faisaient du bruit.

Il entra agacé dans le petit bistro du coin et déposa son béret sur le radiateur. Ici au moins, il faisait chaud et il était au sec.

«Que se passe-t-il, inspecteur?» demanda Jean, le patron. Il essuyait quelques verres pour les faire briller.

«Vous n'avez pas attrapé de voyous aujourd'hui?»

L'inspecteur Cliquot trouvait certes important qu'on ne devine pas son métier de policier. Son béret basque d'ailleurs constituait une sorte de camouflage.

Übung 1: Geben Sie die Präsensform der folgenden Verben an!

1. il était: il _____
2. vous trempâtes: vous _____
3. vous constituerez: vous _____
4. il pleuvra: il _____
5. nous agacions: nous _____
6. nous avons fait: nous _____

Mais ce soir le bar était vide. Pas une seule personne n'était là, c'était inhabituel. Personne n'était appuyé au comptoir en train de boire un café ou un cognac, pas de joueurs de cartes assis aux tables, personne ne jouait au billard. Par ce mauvais temps, même les habitués préféraient rester chez eux.

Jean savait quelle profession il exerçait comme d'ailleurs la majorité des clients dans le bistro. Mais Cliquot aimait prendre des allures mystérieuses.

«Je n'ai pas le droit d'en parler, répondit Cliquot d'un air important. Nous travaillons sur un dossier difficile.

– Vous pouvez bien en parler un petit peu, dit Jean en clignant de l'œil.

– Non, dit Cliquot sur un ton décidé. Vous n'imaginez pas à quelle vitesse les rumeurs se répandent.»

Jean approuva en hochant la tête et lui servit un verre de pastis.

«Buvez, c'est aux frais du patron.»

Übung 2: Welches Wort passt nicht? Unterstreichen Sie das „schwarze Schaf"!

1. le, les, des, la
2. son, ma, ces, mes, ses
3. comment, parce que, pourquoi, où, quand
4. me, se, nous, ma, tu
5. pas, rien, personne, chacun, nul
6. évènement, lentement, prudemment, évidemment

Cliquot le considéra d'un air sceptique. Etait-ce une forme de corruption? Le patron cherchait-il à obtenir des renseignements?

«D'accord, dit Cliquot, si vous en buvez un avec moi. A mes frais.»

Jean, conciliant, se mit à rire et s'offrit aussi un verre.

«Santé» dit-il. Les deux hommes burent leur pastis.

«C'est bon contre la grippe», dit Jean et il reversa à chacun un second verre.

«Je n'ai pas la grippe», dit Cliquot. Mais il était peut-être de mauvaise humeur parce qu'un rhume était en train de se déclarer.

«Pour que vous ne l'attrapiez pas», dit Jean et il leva son verre. Les deux hommes burent à leur santé.

«Enfin, commença Cliquot, je peux en tout cas passer un week-end tranquille. Nos enquêtes sont calmes en ce moment.»

Übung 3: Setzen Sie das passende Demonstrativ- oder Possessivpronomen ein!
(ça, ce, ce, ces, ses, ses, ses, ses, son, sa)

Tout de même, il ne pouvait pas raconter à Jean que l'enquête dans

1. _____ cas n'avait abouti à rien du tout. Comme souvent, il

n'avait aucune piste utilisable dans la série de vols, sur lesquels il

enquêtait en 2. _____ moment. Cliquot n'aimait pas 3. _____

du tout quand 4. _____ travail ne donnait aucun résultat. 5. _____

bonne réputation était en jeu. On le considérait en effet comme le

plus fin limier de Paris. Certains de 6. _____ supérieurs n'ap-

préciaient pas 7. _____ méthodes, comme par exemple le préfet

de police mais tous 8. _____ messieurs aimaient profiter de

9. _____ succès. Et ils le laissaient seul avec 10. _____ échecs.

Quelques individus d'allure douteuse venaient aussi dans le bar de Jean. Car le bar était un lieu de rencontre des voyous du quartier.

Tout le monde savait que Cliquot était policier parce que Jean naturellement avait prévenu ses clients pour qu'ils ne tombent pas par ignorance dans les bras de Cliquot, représentant de la loi.
Tout le monde cependant faisait semblant de ne rien savoir. Quelquefois il y avait même une collaboration avec la police. Si l'informateur y voyait un avantage.

«Jean, dit Cliquot. Entre nous. Vous pourriez me rendre un service.» Jean était flatté.
«Mais volontiers, Inspecteur.
– Je recherche quelques voyous. Ils ne reculent pas devant la brutalité. Si vous ou vos clients pouviez un peu tendre l'oreille …
– J'ai compris.» Jean hocha la tête avec empressement. «J'en parlerai à Pierre. Vous savez, notre ‹ami› de Bourgogne, il connaît presque tout le monde dans le quartier.
– Mais qu'il reste prudent et ne dise rien. Qu'il n'effarouche pas mon suspect comme la dernière fois.»

*Übung 4: Stellen Sie folgende Sätze mit **il faut que** um!*

1. Qu'il reste prudent!

2. Ne dis rien!

3. Ne vous trompez pas!

4. Qu'ils ne l'effarouchent pas!

5. Il nous faut les connaître!

_____

6. Ils ont besoin de votre aide!

_____

Jean et Cliquot rirent tous les deux en se souvenant de Pierre qui certes savait obtenir des renseignements mais qui lui-même bavardait comme une concierge.
Cliquot vida son verre, paya et rajouta un pourboire généreux.
«Profitez bien de votre week-end libre, lui souhaita Jean.
Un week-end entier. Vous pouvez vraiment être content.
– Oui» dit Cliquot et pensa: Je ne sais même pas quoi faire. À quand remonte mon dernier week-end libre? Ça doit remonter à des années. Je ne m'en souviens même pas. Je vais sûrement mourir d'ennui. En tout cas je vais me coucher de bonne heure et faire une grasse matinée pour bien me reposer, décida-t-il.

Übung 5: Tragen Sie das vom vorgegebenen Verb abgeleitete Partizip Präsens ein und enträtseln Sie das Lösungswort!

1. crier   _ _ _ ☐ _ _
2. permettre _ _ _ ☐ _ _ _ _ _
3. ennuyer   _ _ _ ☐ _ _ _
4. faire   _ _ _ ☐ _ _
5. essayer   _ _ _ ☐ _ _
6. donner   _ _ _ ☐ _ _
7. prêter   _ _ _ ☐ _ _ _

Lösungswort: _ _ _ _ _ _ _

Comme Jean apparemment n'avait rien d'autre à lui raconter, Cliquot se leva de son tabouret de bar, salua le patron et sortit.

«Votre béret, lui rappela le patron.

– Merci» répondit Cliquot.

Il venait d'oublier son béret. Ça ne lui était jamais arrivé.

Il mit son béret encore humide et quitta le bar.

Übung 6: Adjektiv oder Adverb? Setzen Sie das in Klammern stehende Wort in die richtige Form!

Dehors, il pleuvait de plus belle. Cliquot sentit son nez le chatouiller et éternua. Il remonta le col de son manteau et rentra (1. rapide) _____ chez lui à (2. grand) _____ pas. (3. Heureux) _____, ce n'était pas loin, (4. seul) _____ quelques pas jusqu'au bout de la rue. Il éternua une (5. second) _____ fois.

Oh non, pensa-t-il, pas de rhume maintenant, s'il te plaît.

Cliquot dormait (6. profond) _____ lorsque le téléphone le réveilla et l'arracha à son rêve. Il s'agissait d'un rêve très (7. agréable) _____ dans lequel il arrêtait enfin Luc, le roi de la pègre (8. parisien) _____ après une (9. fou) _____ poursuite à travers Paris. C'était ce même Luc qu'il suspectait d'être à l'origine de ces cambriolages (10. audacieux) _____ avec sa bande. Juste au moment où, dans son rêve, il voulait lui passer les menottes et dire «Je vous arrête», un (11. vrai) _____ téléphone sonna dans le monde (12. réel) _____. D'où la sonnerie provenait-elle? Quel téléphone sonnait?

Il reconnut l'hymne national français qui annonçait les appels sur son portable. À moitié endormi, Cliquot chercha son portable. «Cliquot. Nous avons besoin de vous.» Cliquot reconnut la voix forte de son chef, le préfet de police. Tout de suite, il était réveillé. Un coup d'oeil sur son réveil lui révéla qu'il n'était que trois heures du matin. Y aurait-il du nouveau dans cette affaire de cambriolages? On ne le réveillait sûrement pas sans une bonne raison. D'ailleurs quelqu'un avait dû réveiller aussi le préfet de police. «De quoi s'agit-il?» demanda-t-il curieux.

Übung 7: Bilden Sie die Inversionsfrage!

1. Est-ce qu'on a besoin de vous?

_____

2. Est-ce qu'il y aurait du nouveau?

_____

3. De quoi est-ce qu'il s'agit?

_____

4. Pourquoi est-ce qu'on le réveillait?

_____

5. Qu'est-ce que tu leur as demandé?

_____

– Rue Chardon, Hôtel Bourgogne. Quelqu'un a été empoisonné pendant une dégustation de vins.
– Ah, fit Cliquot. Pas étonnant quand on pense à la mauvaise qualité de tant de vins. Pourquoi la police est-elle concernée?
– Parce qu'une personne a été empoisonnée intentionnellement – on soupçonne un meurtre. La raison pour laquelle je m'adresse à vous, Cliquot: la victime est le dégustateur de vin réputé Laurent Clément.
– Hum», fit Cliquot. Le nom ne lui disait rien. Il posa son portable et enfila sa chemise.
«L'enquête doit s'effectuer d'une manière rapide et discrète, résonna la forte voix de son chef, nous devons maintenir la presse à l'écart aussi longtemps que possible.
– Je comprends, répondit Cliquot qui avait repris son portable et attrapait son pantalon.
– De nombreux dégustateurs de vin réputés étaient présents lors de la dégustation. Et Clément, peut-être l'ignorez-vous – le chef baissa la voix si bien que Cliquot le comprenait à peine – Clément était un ami du ministre, vous me suivez?
– Je comprends, répéta Cliquot qui entre-temps avait mis son pantalon.
– Certains pensent que vous devez mener cette enquête.» Cliquot entendit l'étonnement dans la voix de son supérieur. Ce qui cependant n'étonna pas Cliquot. Il savait que son chef n'avait pas une bonne opinion de lui. Par contre mon travail est reconnu à des étages supérieurs, pensa Cliquot et il ricana.

Übung 8: Setzen Sie den Satz ins Passiv!

1. On a empoisonné quelqu'un.

---

2. Cette affaire concerne la police.

_____

3. Le téléphone avait réveillé l'inspecteur.

_____

4. Quelqu'un aura aussi prévenu le préfet de police.

_____

5. L'inspecteur interrogera les témoins.

_____

6. Les deux policiers mèneraient l'enquête.

_____

«Une voiture vient vous chercher, retentit la voix du téléphone. Récupérez votre assistante, cette demoiselle, comment s'appelle-t-elle déjà?
– Nathalie Claudel», l'aida Cliquot, contrarié de cette distraction feinte par le préfet de police.

*Übung 9: Setzen Sie **tout** oder **tous** in die Lücken ein!*

«1. _____ à fait, dit le préfet de police, Mademoiselle Claudel. Allez avec elle à l'Hôtel Bourgogne. 2. _____ les participants de la dégustation sont encore là. 3. _____ de grandes personnalités. Vous devriez commencer rapidement les interrogatoires, Cliquot et traitez le 4. _____ avec la plus grande discrétion et dans l'urgence. Et avec tact.

– Ça va de soi» dit Cliquot qui se demandait où il avait mis ses chaussures. Ah oui, sur le radiateur. Elles étaient presque aussi trempées que son béret basque.

«Les collègues qui surveillent les lieux du crime vous communiqueront le reste des informations, dit le chef.
– Qu'advient-il des cambriolages?» demanda Cliquot.

Ça ne lui convenait pas d'abandonner son enquête pour en prendre une autre. Il s'agissait 5. _____ de même d'une bande extrêmement violente qui frappait brutalement ses victimes quand elles se mettaient sur leur route pendant leurs pillages.

Quoique – un empoisonnement, c'était une affaire captivante. Il ne se l'avouait pas volontiers mais il se sentait flatté qu'on fasse appel à ses services dans une enquête aussi compliquée.
«Ne vous inquiétez pas à ce sujet. Dupont peut reprendre le dossier, dit le chef. Le dossier Clément a la priorité absolue.
– Si vous le dites, répondit Cliquot obéissant.
– Que pouvez vous me dire d'autre sur Clément? A part le fait qu'il ait bu un verre de vin avec le ministre, demanda Cliquot. Avait-il des ennemis?
– Ça, c'est à vous de trouver les réponses, mon ami! dit le chef. J'attends pour demain un premier rapport. Au travail. Au revoir.
– Attendez, s'écria Cliquot. Dites-moi au moins quels vins ont été dégustés.»
Il entendit un léger bruit de papier. Le chef cherchait la réponse dans les pages du dossier.
«Différents vins du domaine Beauchamp» dit-il.

Übung 10: Bilden Sie den verneinten Imperativ!

1. Vous vous inquiétez! _____
2. Vous me le dites! _____
3. Vous m'attendez! _____
4. Tu en as bu! _____
5. Tu lui en parles. _____
6. Nous les dégustons. _____

«Beauchamp? répéta Cliquot, vous ne voulez pas dire le Robert Beauchamp de Bourgogne …?

– Si, un domaine renommé, un très bon viticulteur. Un des meilleurs. Vous le connaissez? demanda le chef d'un ton sceptique, doutant du fait que Cliquot puisse boire autre chose qu'un beaujolais bon marché.

– Oui, répondit Cliquot pensif, je connais Beauchamp.»

Il raccrocha. *wieder auflegen / anflegen*

Oui, il connaissait Beauchamp et ses excellents vins. Il y avait des vins très chers, trop chers que Cliquot ne pouvait pas se permettre d'acheter. Mais il y avait aussi de bons vins dans une classe de prix moyenne qu'il s'autorisait de temps en temps. Il buvait avec grand plaisir un bon vin rouge. Pour les occasions particulières et quand il voulait se faire plaisir, il choisissait un vin de Beauchamp.

Qui pouvait bien vouloir empoisonner ce vin pour tuer quelqu'un? Pour quelles raisons malfaisantes? *bösartig, verübelnd* Cliquot se frottait les mains, c'était un défi très intéressant, où son intelligence et sa capacité de combiner les éléments d'une enquête étaient mises à l'épreuve. Il était prêt. Et cette fois aussi, il se jura de triompher. *fest vornehmen*

Il avait fini de s'habiller. Il se lava les dents et se peigna les cheveux qui commençaient à se clairsemer légèrement mais ne grisonnaient pas. Il considéra un instant son image dans le miroir et il jugea qu'il était encore séduisant. Le rhume tant craint ne s'était pas déclaré. Et malgré une nuit écourtée, il se sentait frais et dispos.

C'est de bonne humeur qu'il appela Nathalie Claudel. Il dut laisser sonner longtemps le téléphone avant que quelqu'un ne décroche l'appareil. Il était tout de même trois heures et demie le samedi matin.

«Allô? répondit une voix endormie et renfrognée.

– C'est moi, Nathalie …, commença Cliquot lorsqu'elle l'interrompit.

– Quel ‹moi› a le toupet de me réveiller à trois heures et demie du matin?»

Sans attendre de réponse, elle coupa la communication en raccrochant le combiné bruyamment. Cliquot soupira et recomposa le numéro de Nathalie.

«Cliquot», s'annonça-t-il rapidement sans lui laisser le temps de grogner.

Übung 11: Setzen Sie die Konjunktionen und Relativpronomen richtig ein!
(ce dont, ce qui, ce que, qu', qu', qui, que, que, que)

«Oh, chef, dit Nathalie, un peu gênée. Excusez-moi, je n'avais pas reconnu votre voix.» Tout de suite, elle était plus attentive.

«Je suppose 1. _____ il s'agit d'une intervention.

– Exactement, ma chère, un empoisonnement. J'ai demandé à

2. _____ vous soyez mon assistante, exagéra Cliquot. Habillez-vous vite, je suis chez vous dans dix minutes. Je vous expliquerai le reste pendant le trajet sur les lieux du crime.»

Cliquot prit son imperméable, il mit 3. _____ il avait besoin dans les poches de son manteau et il attrapa son béret. Il était de nouveau sec. Satisfait, il le mit légèrement penché sur la tête. Apparemment, il avait échappé à la grippe. Etait-ce grâce à la recette secrète de Jean?

Il attendait la voiture dehors en sifflotant. Il ne pleuvait plus, l'air était doux et purifié – 4. _____ était rare à Paris.

Une vieille Renault 4 en assez mauvais état finit par s'arrêter devant lui. Mais ça ne pouvait pas être une voiture du commissariat.

«Inspecteur Cliquot? demanda un jeune homme au volant de la voiture.

– Oui. Qui voulez-vous 5. _____ ce soit d'autre? grommela Cliquot.

– Je viens du commissariat. On m'a chargé de vous conduire avec Mademoiselle Claudel à l'hôtel Bourgogne.»

Le conducteur ouvrit la porte de l'intérieur. Cliquot monta en se cognant la tête et il ne rentra 6. _____ à grand-peine ses longues jambes dans la petite voiture.

«Qu'est-ce 7. _____ ça veut dire? rabroua-t-il le jeune homme. Nous n'avons plus de voitures correctes, il ne reste 8. _____ des tas de ferrailles pour nains?

– Je suis désolé, inspecteur, répondit le jeune conducteur. Tous les autres véhicules étaient au garage ou déjà pris pour des interventions.»

Embarrassé, il observait du coin de l'œil l'inspecteur 9. _____ se frottait la tempe.

«J'ai dû prendre ma propre voiture.

– Ce n'est pas étonnant que la police ne s'améliore pas dans le combat contre le milieu criminel», dit Cliquot.
Elles doivent bien rire, ces crapules, pensa-t-il, quand la police part à leur poursuite dans de vieilles Renault.
Cliquot indiquait au jeune conducteur le chemin à travers un Paris endormi jusqu'à l'appartement de Nathalie. Peu de voitures roulaient, les grands boulevards étaient calmes, on aurait même pu faire du patin à roulettes sur la place de la Concorde. Ils traversèrent rapidement la ville. Nathalie les attendait déjà sur le trottoir et elle monta aussitôt à l'arrière de la voiture.

Übung 12: Setzen Sie die unterstrichenen Satzteile in die indirekte Rede!

«1. Je suis tout excitée, chef, dit Nathalie. 2. Ce n'est que notre seconde enquête et 3. il s'agit d'un meurtre!»

1. Nathalie dit à son chef …

_____.

2. Elle ajoute …

_____

3. et …

_____.

Elle déposa une grosse sacoche en cuir à côté d'elle.
« Du calme, dit Cliquot d'un ton paternel. 4. <u>Je mènerai à bien et rapidement cette enquête. 5. *Nous* mènerons à bien et rapidement cette enquête</u>, se corrigea-t-il.

4. Cliquot répond …

_____.

5. Il se corrige et dit …

_____.

– 6. <u>J'ai apporté mon ordinateur portable au cas où nous en aurions besoin</u>, dit Nathalie. 7. <u>Je peux peut-être trouver des informations utiles sur Internet.</u> »

6. Nathalie déclare …

_____.

7. Elle explique …

_____.

Cliquot croyait certes plus en son intuition et sa perspicacité, mais il se garda bien de le dire à voix haute. Il ne voulait pas commencer un débat avec Nathalie quant à l'utilité d'Internet. Et cela, surtout parce qu'il savait qu'il n'aurait pas le dessus. En effet, il ne maîtrisait pas les nouvelles technologies.

Il préféra lui expliquer tout ce qu'il avait appris jusqu'à présent. C'est à dire pas grand-chose.

«Pourquoi quelqu'un tuerait-il un dégustateur de vin? demanda Nathalie, pensive.

– C'est ce que nous devons découvrir, dit Cliquot. Qui a eu l'occasion de le faire sans être vu et quel est son mobile?

– Si c'était vraiment un meurtre! Nathalie nettoyait ses lunettes.

– Vous voulez dire qu'il peut tout simplement s'agir d'une crise cardiaque?

– Si c'était le cas, nous pourrions au moins prendre le reste du week-end, dit Nathalie en remettant ses lunettes.

– Nous ne pouvons pas exclure complètement cette possibilité», dit Cliquot. Mais au fond de lui-même, il n'y croyait pas.

Übung 13: Gleichen Sie wenn nötig das Adjektiv an!

Depuis que Cliquot et Nathalie avait résolu le mystère du trésor du roi soleil, il pouvait se faire seconder par Nathalie. Auparavant elle travaillait dans les archives de la préfecture de police. Elle aimait son travail, la recherche dans les (1. ancien) _____ dossiers et la tranquillité des (2. vieux) _____ salles (3. souterrain) _____. Mais avec son allergie à la poussière, ce poste n'était pas (4. approprié) _____: elle éternuait sans fin chaque fois que la poussière des dossiers (5. bougé) _____ tourbillonnait autour d'elle.

Nathalie approchait de la trentaine et nouait ses (6. beau) _____ cheveux (7. blond) _____ dans une natte (8. serré) _____ lui donnant un air (9. sévère) _____. Elle cachait si bien son charme derrière ses (10. gros) _____ lunettes d'écaille que peu de personnes devinaient combien elle était (11. séduisant) _____.

Cliquot, lui, l'avait immédiatement remarqué et son assistante lui plaisait énormément. Il était flatté quand de temps en temps, on les prenait pour un couple. Il ne savait pas ce que Nathalie en pensait, mais il pouvait encore se vanter d'avoir de l'allure. Une chose était sûre: Nathalie appréciait fort leur collaboration et échangeait volontiers son travail d'archiviste routinier contre les enquêtes captivantes.

Après un dédale de rues à sens unique, ils s'arrêtèrent devant l'élégant Hôtel Bourgogne dans la rue Chardon. Le petit hôtel distingué était situé dans un palais du 18ème siècle, au fond d'une impasse.

Cliquot sortit tant bien que mal de la petite voiture et frappa sur son toit pour saluer le jeune conducteur. Celui-ci s'effraya et accéléra si brusquement qu'il écrasa presque la pauvre Nathalie, qui eut tout juste le temps de se réfugier d'un bond sur le trottoir.

Devant la porte d'entrée de l'hôtel, un policier en civil leur bloquait le passage. Il était petit, très jeune et avait une allure carrée, il atteignait tout juste les épaules de Cliquot.

«Cliquot», dit l'inspecteur. Il partait du principe que toute la police de Paris le connaissait au moins de nom.

«Et alors? répondit sévèrement le policier. L'hôtel est fermé.

– Inspecteur Cliquot, insista Cliquot. On avait tout de même averti de sa venue?

– N'importe qui pourrait l'affirmer» rétorqua le policier, pas impressionné pour deux sous.

Où avait-il bien pu mettre sa carte de policier? Cliquot chercha dans les poches de son manteau. Quelle idiotie que de devoir mendier le droit d'entrer auprès d'un petit policier si jeune.

Übung 14: Ersetzen Sie die unterstrichenen Satzteile durch die passenden Pronomen und gleichen Sie sie wenn nötig an!

1. Cliquot avait appelé <u>son assistante</u>.

2. Elle avait raccroché le téléphone au nez <u>de son chef.</u>

3. Elle avait trié des centaines <u>de dossiers.</u>

4. Elle travaillait <u>dans les souterrains.</u>

5. L'agent avait pris <u>sa voiture personnelle.</u>

6. Il était fier <u>de son allure.</u>

Pendant ce temps, Nathalie avait sorti sa carte de son immense sacoche et la montrait au policier. Entre-temps Cliquot lui aussi, avait finalement retrouvé sa carte. Il l'avait mise dans la poche de sa veste.

«Mademoiselle Claudel, lut le policier en se mettant au garde-à-vous, on vous attend» et il lui libéra le passage d'un geste galant.

Il ne jeta qu'un regard furtif sur la carte de Cliquot et lui fit signe de passer. Cliquot, consterné, trébucha derrière Nathalie dans la porte tournante de l'hôtel.

Dans le hall d'entrée un autre policier attendait. Cliquot lui signala tout de suite qu'il était le chef en lui brandissant sa carte sous les yeux.

«La direction de l'hôtel vous prie de vous comporter aussi discrètement que possible et d'utiliser les escaliers de service, Monsieur l'inspecteur.»

Cliquot hocha impatiemment de la tête.

Le jeune collègue dirigea Nathalie et Cliquot vers une porte dérobée derrière laquelle se trouvait un escalier étroit.

Ils montèrent les escaliers et se retrouvèrent dans une antichambre à un étage supérieure.

«Tous les témoins sont réunis dans le salon à côté de la salle à manger», dit le policier. Il désigna du doigt une porte à double battant fermée.

«Nous voudrions d'abord nous rendre sur les lieux du crime, dit Cliquot. Nous prendrons les dépositions après.»

Le policier ouvrit une autre porte à double battant donnant sur la grande salle à manger.

«Cette pièce est louée pour des réceptions privées. Les dégustations de vins du domaine de Beauchamp ont lieu régulièrement ici», expliqua le policier en prenant le ton d'un guide touristique.

Übung 15: Markieren Sie die korrekte Form als richtig ✔!

1. Combien de dépositions avez-vous déjà …?
    - a) pris
    - b) prises
    - c) prendre

2. Cliquot était impatient … commencer l'enquête.
    - a) à
    - b) pour
    - c) de

3. Il … rendu sur place.
    - a) s'a
    - b) se
    - c) s'est

4. Il faut … l'escalier de service
    - a) utiliser
    - b) d'utiliser
    - c) utilisait

5. La pièce a été … pour des réceptions.
    - a) louer
    - b) loué
    - c) louée

6. Le policier parlait en … un ton de guide touristique.
    - a) prenait
    - b) prenant
    - c) prendre

Cliquot pénétra avec Nathalie dans la salle spacieuse.
On avait débarrassé la grande table ronde de l'élégante salle à manger et retiré les nappes blanches. Le bois foncé de la table luisait sous la lumière du lustre.
Les contours de la victime, Clément, effondré à cette table et décédé, étaient tracés à la craie. Cliquot essayait de s'imaginer comment les invités étaient assis autour de la table, comment ils avaient bu tout en mangeant quelques en-cas. Tout tournait autour du vin.
Cliquot fit lentement le tour de la table. Il constata soulagé que le corps avait déjà été transporté. Dans sa carrière de policier, Cliquot n'avait pas souvent été confronté à des cadavres. Il espérait qu'il en serait toujours ainsi. Il salua le médecin légiste Pierre Delvaux qui l'attendait pour l'informer directement.

Übung 16: Unterstreichen Sie im folgenden Textabschnitt die Verben im Passé Simple!

«Clément a été empoisonné. Il y a des indices incontestables. L'autopsie le confirmera, dit Delvaux.
– Pas de crise cardiaque alors? s'assura Cliquot.
– Si, mais une crise provoquée intentionnellement, si tu préfères.»
Delvaux prit une cigarette et la porta à la bouche sans l'allumer. Il ne fumait jamais sur les lieux du crime.
«Tu auras le rapport demain midi sur ton bureau, promit-il.
– Merci», dit Cliquot.
Delvaux prit sa sacoche, son manteau et serra la main de Cliquot.
«Salut, mon vieux, bonne chance!
– Salut Delvaux, répondit Cliquot et il se tourna ensuite vers Racine, le collègue dirigeant le département de la police scientifique.
– Clément était à cette place-là», expliqua Racine.

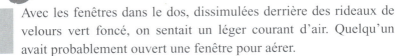

Avec les fenêtres dans le dos, dissimulées derrière des rideaux de velours vert foncé, on sentait un léger courant d'air. Quelqu'un avait probablement ouvert une fenêtre pour aérer.

Übung 17: Tragen Sie die folgenden Verbformen in die richtige Spalte ein!
(serra, tournerai, aérai, préfèreras, confirmera, effondra, ouvrai, luira)

1. Futur	2. Passé Simple

«Etaient assis à la table ronde dans le sens des aiguilles d'une montre: Madame Sylvie Clément à côté de son époux Laurent, puis Monsieur Brasseur, Madame et Monsieur Beauchamp. Ce dernier était donc assis à la droite de Monsieur Clément.» continua Racine. Au cas où cela signifierait quoi que ce soit, pensa Cliquot. Peut-être que l'attribution des places était due au hasard.

Pendant ce temps, Nathalie s'était installée à une petite table et avait branché son ordinateur portable à la prise du téléphone. Lors de son travail dans les archives de la préfecture de police, elle avait appris à rechercher des informations sur les gens. Elle savait aussi comment pénétrer dans les archives virtuelles avec l'aide d'Internet. Elle tapa les noms des invités de la dégustation, afin de démarrer quelques demandes de recherches. Il faudra voir si les informations proposées sont intéressantes.

«Il est clair que quelque chose a été versé dans le verre de Clément, dit Racine. Probablement un calmant très puissant qui, entre le mélange avec de l'alcool et la faiblesse cardiaque de Clément, a pu provoquer la mort.»

Übung 18: Übersetzen Sie die in Klammern stehenden Negativformen!

On en saurait plus le lendemain. Dans tous les cas, on avait toutes les raisons de croire que Clément (1. war nicht) _____ mort naturellement.

«Nous avons pris toutes les empreintes digitales ainsi que tout ce qu'il y avait à manger et à boire. Nous avons trouvé des traces de poison uniquement dans le verre de Clément, (2. nirgendwo) _____ ailleurs. Nous (3. haben nichts) _____ trouvé chez les personnes présentes: (4. weder) _____ ampoules, (noch) _____ flacons, (5. kein) _____ cachets ou quelque chose d'autre de douteux. Nous avons prié ces personnes de nous montrer le contenu de leur poche. Volontairement, dit Racine.

– (6. Keiner) _____ s'y est refusé? voulait savoir Cliquot.

– Non, (7. niemand) _____.»

Donc (8. keiner) _____ avait quoi que ce soit à cacher, pensa Cliquot.

«Dans la pièce voisine se trouve une petite cuisine avec un vide-ordures, explique Racine. Je suppose qu'on peut y faire disparaître quelque chose. Dans la panique, autour de l'effondrement de Clément, personne ne l'aurait remarqué.»

Cliquot approuva d'un hochement de tête.

«Oui, c'est bien la chose la plus rusée que le ou la coupable ait pu faire.

– Les ordures tombent directement dans une machine à broyer. Avec ça, il est quasiment impossible de retrouver quoi que ce soit.»

Übung 19: Setzen Sie die Verben in die Lücken ein!
(touché, ont participé, commença, choqués, demanda, attendent, secoua)

Racine 1. _____ à ranger différents petits sacs de plastique transparents dans de grandes caisses.

«Ils étaient tous très compréhensifs.

– Et sinon? Vous avez d'autres informations?» 2. _____ Cliquot.

Racine 3. _____ la tête.

«Bien sûr, ils sont 4. _____ qu'il soit mort de cette manière, mais aucun ne semble particulièrement 5. _____. Même pas la veuve.

– A combien de personnes avons-nous affaire? demanda Cliquot.

– Cinq personnes 6. _____ à la dégustation y compris feu Monsieur Clément. Il reste donc Madame Clément, Madame

Rolland, Monsieur Brasseur et Monsieur Beauchamp comme hôtes. Et une jeune femme pour le service, Christine Colombe. Ils 7. _____ tous dans le salon à côté.»

«Une personne parmi elles vous semble-t-elle suspecte?» demanda Cliquot.
Racine secoua de nouveau la tête et se remit à ranger ses sacs de plastiques transparents contenant preuves et pièces justificatives dans les grandes caisses.
«Non. La veuve peut-être. Elle hérite. Elle fait bonne contenance. Nous voulions la ramener chez elle, mais elle nous a fait remarquer qu'elle pouvait très bien en finir maintenant. Je veux dire, en finir avec sa déposition.»

Übung 20: Tragen Sie den richtigen Artikel ein!

«Bon, dit Cliquot. Alors commençons avec Madame Clément.

– Eh bien, bonne chance, souhaita Racine.

– Au travail, dit Cliquot. Mais auparavant, j'aimerais bien 1. ____ café. Noir pour moi et pour mon assistante …

– un café 2. ____ lait, s'il vous plait, précisa Nathalie, toujours penchée sur son ordinateur en train de faire des recherches.

– Et 3. ____ sandwich, laissez-moi réfléchir, avec 4. ____ jambon peut-être …

– Pour moi, un 5. ____ fromage, compléta Nathalie.

– Tu peux t'en occuper?» demanda Cliquot.

Racine accepta d'un mouvement de tête.

«Exceptionnellement. Mais n'oublie pas: Je ne suis pas ton assistante!

– Ah, s'écria Nathalie, moi, il ne m'envoie plus chercher 6. ____ café. C'est le résultat de toute une éducation.»

Elle est bien impertinente, mon assistante, pensa Cliquot.

Après avoir récupéré des forces avec leur café et leur sandwich, Cliquot et Nathalie pénétrèrent dans le salon où les témoins attendaient.

Chacun s'était mis à l'aise à sa manière. Il y avait 7. _____ café, 8. ____ thé et 9. ____ eau. Quelques plateaux avec quelques sandwiches et 10. ____ biscuits qui attendaient d'être consommés en vain et commençaient à se dessécher.

Monsieur Beauchamp, viticulteur et hôte de la réception, vint tout de suite à leur rencontre pour se présenter lui-même et présenter les autres invités: Madame Clément, la veuve, Madame Rolland et Monsieur Brasseur, tous deux dégustateurs de vins et une jeune femme, Christine Colombe, qui avait aidé à faire le service.

«Vous êtes sûrement tous très épuisés et à bout, mais nous commençons immédiatement à écouter les témoignages. Vous savez que des témoignages rapides augmentent nos chances de trouver la personne coupable de la mort de Monsieur Clément, dit Cliquot.

– Nos condoléances», rajouta Nathalie. Cliquot s'inclina devant Madame Clément. Elle répondit par un sourire triste.

Ensuite, Cliquot prit prudemment Madame Clément par le bras et la conduisit à la table ronde dans la salle à manger.

Sylvie Clément était une femme brune avec des rondeurs. Elle portait une robe du soir rouge avec un décolleté profond et un foulard à carreaux autour du cou pour recouvrir ses épaules nues.

Les larmes avaient enflé son visage rond et sympathique. Elle donnait, sinon, l'impression d'être très calme et contenue, comme Racine l'avait remarqué.

Übung 21: Setzen Sie das in Klammern stehende Reflexivverb in die richtige Zeitform, meistens Passé Simple oder Imperfekt!

«Madame, dit Cliquot en (1. s'incliner) _____ légèrement, je vous présente de nouveau mes condoléances les plus sincères.»

Madame Clément (2. s'efforcer) _____ de répondre par un sourire.

«Puis-je vous demander de (3. s'asseoir) _____ à la même place que vous occupiez lors de cet évènement tragique?»

Madame Clément (4. s'exécuter) _____ docilement et (5. s'asseoir) _____ une chaise plus loin. Maintenant, elle (6. se retrouver) _____ à la gauche de Cliquot – lequel occupait la place de l'assassiné, Clément. Elle resserra son foulard.

«Il fait froid, (7. s'excuser) _____-t-elle. Monsieur Brasseur a ouvert la fenêtre tout à l'heure, c'est un vrai fanatique de l'air frais.»

Nathalie (8. se lever) _____ pour fermer la fenêtre entrouverte.

«Merci, dit Madame Clément, que voulez-vous savoir?

– Décrivez-nous simplement ce qui (9. se passer) _____.»

Madame Clément (10. s'appuyer) _____ sur le dossier de sa chaise et ferma un instant les yeux.

«Tout (11. se passer) _____ comme d'habitude, raconta Madame Clément, nous avions goûté deux ou trois vins et nous en étions au quatrième. C'est ça, Beauchamp venait de nous servir le quatrième vin.»

«Votre mari en premier?»
Madame Clément confirma d'un mouvement de tête.
«Oui, il servait toujours dans le même sens, toujours dans le sens des aiguilles d'une montre. Ensuite Laurent leva son verre et dit «hum, un excellent bouquet mais il manque quelque chose», il reprit une gorgée et s'écroula sur la table.
Madame Clément s'efforçait maintenant de retenir ses larmes.
Cliquot attendait qu'elle se reprenne et retrouve son calme.
«Et vous, Madame? Qu'avez-vous fait?
– J'étais complètement paralysée, c'était un vrai choc. Je crois que je n'ai rien pensé du tout. J'ai entendu que Monsieur Brasseur s'occupait de lui pour finalement dire qu'il était mort.»

Madame Clément se moucha.

«Je suis simplement restée assise sur ma chaise jusqu'à ce qu'une personne m'emmène dans le salon.»

Compatissant, Cliquot hocha la tête.

«Ça m'a toujours fait peur, continua-t-elle après un silence. Il ne s'est jamais épargné.»

Elle poussa un profond soupir.

«Laurent collectionnait les vins, les meilleurs de chaque année depuis sa naissance. Tous les vins de Bourgogne et de quelques autres régions. Il connaissait chaque grand vin de France. Il s'est toujours donné pour le vin en quelque sorte», dit-elle en regardant Cliquot comme si elle attendait son approbation.

Cliquot hocha la tête.

«Il voulait compléter sa collection pour son soixantième anniversaire avec ses vins préférés de Beauchamp, continua Madame Clément. Vraiment, sa collection de vin était sa plus grande passion.»

Übung 22: Streichen Sie die Komparativ- oder Superlativformen durch, die nicht korrekt sind oder formal nicht passen!

1. gentil: plus gentil, plus gentils, moins gentil, le moins gentil
2. bon: plus bon, moins bon, meilleur, le moins bon
3. grande: plus grande, moins grande, les moins grands
4. mal: plus mal, pire, plus pire, le plus mal
5. choqués: les plus choqués, les moins choqués, plus choquée
6. complète: la plus complètes, la moins complète, plus complète

«Et vraisemblablement d'une certaine valeur, dit Cliquot en passant.

– Que voulez-vous insinuer? demanda-t-elle sur le qui-vive.

– Eh bien, dit Cliquot, je suis obligé de mentionner le fait que vous êtes l'héritière.»

Madame Clément se mit à rire.

«Oui, dit-elle, en effet j'hérite en tout et pour tout de la cave à vins. Le reste m'appartient de toute façon. Tout ce que nous possédons, c'est moi qui l'ai apporté dans le mariage. Commettre un meurtre pour cette cave à vins, ça n'en vaut pas la peine. Et que vous me croyiez ou non, j'aimais Laurent. Nous avions une belle vie de couple. Et il me manquera.»

Elle se leva brusquement.

«Excusez-moi!»

Nathalie se leva prestement et raccompagna Madame Clément jusqu'à la porte.

«Ce n'est pas ce qu'il pensait, dit Nathalie pour excuser Cliquot.

– Bien sûr que si, il le pensait et il a tout à fait raison. Toute personne tirant avantage de la mort de mon mari est suspecte, donc moi aussi.»

Übung 23: Stellen Sie die Fragen in die indirekte Rede um!

1. Que voulez-vous insinuer, Inspecteur? Elle lui demande

_____.

2. Qu'est-ce que vous croyez? Elle veut savoir

_____.

3. Qui peut bien l'avoir assassiné? Elle essaie d'imaginer

_____.

4. Qu'est-ce qui vous a surprise? Il lui demande

_____.

5. Est-ce que ça en vaut la peine? Il aimerait savoir

_____.

6. Pourquoi suis-je suspecte, moi aussi? Elle ne comprend pas

_____.

7. Qu'avez-vous fait? Cliquot veut savoir

_____.

Ensuite Cliquot pria Madame Marie Rolland, la dégustatrice de vin, de venir dans la salle à manger.

Madame Rolland s'assit directement à la place qu'elle occupait pendant la réception comme si c'était sa place habituelle et prit ses cigarettes.

«Ça ne vous dérange pas?» demanda-t-elle sans attendre la réponse de Cliquot. Elle ignora Nathalie. Elle s'alluma une cigarette et inhala avec plaisir la fumée.

«Il paraît que ça détruit les organes du goût, rit-elle, moi, je remarque tout quand je goûte quelque chose.»

Ses critiques étaient toutes aussi craintes que sa capacité irremplaçable à déguster. Elle voyageait dans le monde entier et visitait des régions viticoles en Californie, au Chili, en Afrique du Sud et en Australie. On comptait Madame Rolland parmi les rares personnes dans le monde des dégustateurs et collectionneurs de vin dont on écoutait l'opinion et le jugement.

Übung 24: Setzen Sie die richtigen Präpositionen ein!

Elle est allée 1. _____ Brésil et 2. _____ Pérou, 3. _____ États-Unis et 4. _____ Grande Bretagne, 5. _____ Portugal et dans toutes les grandes villes 6. _____ France, 7. _____ Paris et

8. _____ Havre ainsi que dans les grandes régions du vin,

9. _____ Bourgogne et 10. _____ Alsace entre autres.

Son petit visage avait la forme d'un visage d'oiseau avec des petits yeux ronds. Il était difficile de deviner son âge. Entre quarante et soixante-dix, pensa Nathalie avec la cruauté de la jeunesse. Sur le site Internet de Marie Rolland, les âges de chaque vin étaient corrects sauf celui de la dégustatrice.

«Alors, Madame Rolland, dit Cliquot, je pense que votre regard, comme votre sens du goût, est irremplaçable. Que pouvez-vous me dire?

– Nous en étions au quatrième vin, oui c'est ça au quatrième vin, assura Madame Rolland, confirmant ainsi les dires de Madame Clément. Clément porta le verre à son nez pour sentir le vin et dit: ‹hum, pas mauvais›, ensuite il but une gorgée et dit: ‹un excellent bouquet mais il manque quelque chose› et il vida son verre – il vidait à chaque fois son verre. – Ensuite il porta sa main au cœur et s'écroula sur la table. Au début, nous croyions que c'était une petite faiblesse mais Monsieur Brasseur signala qu'il ne respirait plus. Nous avons tout de suite appelé les urgences.»

Übung 25: Setzen Sie die richtige Form von **celui** ein!

1. Votre sens du goût est irremplaçable, comment était _____ de la victime?

2. Ses petits yeux ronds faisaient penser à _____ d'un oiseau.

3. Il posa la bouteille sur la table, _____ dont nous avions tous bu.

4. Le bouquet de ce vin n'est pas mauvais, mais à _____-ci, il manque quelque chose.

5. Toutes les nappes ont été enlevées, mais pas _____ de la table de la victime.

6. Tous les âges des vins étaient corrects, mais pas _____ de la dégustatrice.

7. De toutes _____ que vous avez connues, quelle était la dégustatrice la plus compétente?

Cliquot hocha la tête.
«Monsieur Brasseur a été le seul à approcher Clément?
– Oui, dit-elle. Je suppose que lui seul avait des notions d'aide de premier secours.»
Elle se tut un instant et fuma sa cigarette.
«Je me souviens de quelque chose. Brasseur a senti le verre de Clément et a dit que ça sentait bizarre, que quelque chose dans ce vin n'était pas normal.»
Elle ricana.
«Beauchamp s'est mis en colère et a dit que, dans ces circonstances, cette remarque était déplacée. Il a dû croire que Brasseur voulait critiquer son vin.
– Et Madame Clément?
– Elle était sous le choc. Elle était assise comme si elle était paralysée, dit Madame Rolland. Finalement, Monsieur Beauchamp l'a prise par le bras et il l'a emmenée dans le petit salon et fait asseoir

dans un fauteuil. Elle répétait sans cesse: «Je ne peux pas y croire, je ne peux pas y croire …»

*Übung 26: Setzen Sie **faire** oder **laisser** ein!*

Un témoin parle:

1. Excusez-moi si je vous ai _____ attendre!

2. On a _____ asseoir sa femme.

3. On lui a _____ le temps de se remettre du choc.

4. Quelqu'un a donné les premiers secours à Monsieur Clément, je l'ai _____ faire.

5. J'ai appelé la serveuse pour lui _____ enlever les nappes.

6. Je lui ai tout _____ nettoyer.

7. Les gendarmes ne m'ont pas _____ approcher de la victime.

Madame Rolland but une gorgée d'eau.
«Pourquoi sa femme était-elle présente? C'était une dégustation professionnelle.
– Elle était aussi sa secrétaire, dit Madame Rolland, méprisante. Elle notait vraiment tout ce qu'il disait. Sincèrement, je crois même qu'elle écrivait les articles pour lui. Oui, enfin, au moins une partie. Il avait vraiment perdu de son élan ces dernières années, notre bon vieux Clément!»

Ses petits yeux méchants fixaient Cliquot comme s'il était lui aussi en train de perdre de sa vitalité.

Übung 27: Übersetzen Sie die indefiniten Pronomen und Begleiter!

«Vous pouvez vous imaginer que (1. jemand) _____ ait voulu le tuer, (2. jemand) _____ qui se trouvait dans la pièce?

– Non, dit-elle. Si vous voulez savoir ce que …

– Oui, je le veux, dit Cliquot, je vous le demande.

– Clément est mort à cause de son avidité, dit Madame Rolland. Il acceptait (3. alle) _____ les invitations, participait à (4. alle) _____ les dégustations et en profitait pour s'enivrer.»

Elle reprit une petite gorgée d'eau et fit une grimace de désapprobation.

«Il avait perdu le sens du goût parce qu'il ne connaissait (5. gar keine) _____ limite.

C'est aussi la raison pour laquelle il n'a pas remarqué que le vin était mauvais.
– Mauvais ou empoisonné, rappela Cliquot. Il avait des ennemis?
– Pas d'ennemis, non, répondit Madame Rolland. Les mauvaises manières ne suffisent pas pour se faire des ennemis.
– Il n'y a pas de rumeurs ou de commérages à son sujet?
– Si, ricana Madame Rolland de nouveau. Il y a une rumeur qui persiste.

– Oui? Nathalie et Cliquot se penchèrent, curieux, vers elle.
– Oh, dit-elle en faisant des manières, c'est trop ridicule.
– C'est moi qui en décide, dit Cliquot.
– Eh bien, Madame Rolland les regarda d'un air triomphant, cette rumeur qui persiste dit que Clément et Madame Beauchamp …
– Qu'en pensez-vous, Madame Rolland. Y a-t-il du vrai dans cette rumeur?»
Cliquot la regarda sévèrement dans les yeux.
«On ne peut jamais savoir, dit-elle. Mais quand même, Clément et Madame Beauchamp se connaissaient bien avant qu'elle n'épouse Beauchamp.»

Übung 28: Fügen Sie das fehlende Partizip Perfekt ein! *(trouvé, montrées, quitté, commis, déroulée, remplis, fait)*

«Ça pourrait bien faire un mobile, dit Nathalie, après que Madame Rolland avait 1. _____ la pièce.

– Je ne sais pas, dit Cliquot. D'après les photos que vous m'avez 2. _____ sur votre ordinateur, Clément n'a pas vraiment l'air d'un Casanova. Et Beauchamp aurait 3. _____ le meurtre par jalousie?»

Il secoua la tête. Jusqu'à présent, il n'avait pas 4. _____ de mobile réel, si on croyait Madame Clément quand elle disait que son héritage ne valait pas la peine de tuer.

Nathalie alla chercher Christine Colombe et l'amena dans la salle à manger.

Christine Colombe qui avait 5. _____ le service ce soir là, avait 25 ans et n'en faisait pas plus. Elle était une jolie jeune femme brune.

«Asseyez-vous», la pria Cliquot. Elle s'assit sur le siège de Madame Rolland où, nerveuse, elle changeait de position constamment.

«Racontez-nous comment s'est 6. _____ la soirée», lui demanda Cliquot.

Christine Colombe ne rajouta pas grand-chose de nouveau. Elle était très nerveuse et tremblait lorsqu'elle montra à Cliquot comment elle servait les invités et débarrassait la table. Son travail consistait à donner les verres que Beauchamp avait 7. _____ auparavant.

«Je portais un plateau et je donnais à chacun son verre. Elle parlait lentement par peur ou par habitude.
– Toujours dans le même ordre? demanda Nathalie.
– Oui, toujours dans le sens des aiguilles d'une montre, confirma-t-elle.
– Ça signifie que Clément recevait son verre en premier et Beauchamp en dernier.»
Christine Colombe approuva de la tête.
Elle devait également faire attention à ce que les paniers à pain contiennent toujours du pain frais, car il n'y avait rien d'autre à manger pendant la dégustation.
«Le dîner devait avoir lieu après, dit-elle dans un sanglot.
– Vous souvenez-vous de quelque chose de particulier?
– Non», répondit-elle.

Non, elle n'avait fait connaissance des invités que lors de visites occasionnelles au cours de réceptions à l'hôtel dans lequel elle travaillait depuis deux ans.

Non, elle ne pouvait pas s'imaginer que quelqu'un veuille du mal à Monsieur Clément.

«Où étiez-vous lorsque Monsieur Clément est tombé?» demanda Cliquot avec une sévérité soudaine.

Il était visible que Christine prit peur.

«A la, à la desserte, bégaya-t-elle.

– Et les autres? Nathalie lui souriait d'un air encourageant. Le chef avait-il besoin de faire une telle frayeur à cette pauvre jeune femme?

– Ils se sont tous levés précipitamment et étaient debout autour de Monsieur Clément.»

Übung 29: Trennen Sie die Verben in der Wortreihe und schreiben Sie sie unter dem passenden Personalpronomen auf!

confirmaisapprouvaisaitbegayasouriaisdonnaisrecevait

1. il _____   2. je _____

Elle parlait encore plus lentement qu'auparavant. Christine essayait de contenir ses larmes. «Seule Madame Clément est restée assise – elle semblait changée en pierre.»

Christine pleurait sans retenue et Cliquot, pris de pitié, la congédia.

«Allez, vous pouvez y aller mademoiselle.»

Il se tourna vers Nathalie.

«Qu'en pensez-vous? Elle nous cache quelque chose?

– Non, dit Nathalie. Mais elle est la seule actuellement à pleurer Clément.»

Cliquot hocha la tête. Oui, il avait eu la même pensée.

«Mais j'ai démarré une demande de recherche sur sa personne, dit Nathalie. Peut-être que le résultat en vaut la peine.»

Elle donna à Cliquot une feuille qu'elle avait imprimée sur sa petite imprimante transportable.

«Sur Beauchamp, commenta-t-elle, je pense que c'est utile à savoir.»

Beauchamp était un homme sympathique, grand et fort avec un visage ouvert et aimable. Il serra la main d'abord à Nathalie puis à Cliquot et il prit place seulement après que les deux policiers s'étaient eux-mêmes assis. Il confirma le déroulement des évènements.

«J'ouvre les bouteilles et je remplis les verres. Christine les donne aux invités. Nous utilisons de nouveaux verres à chaque vin.»

*Übung 30: Entscheiden Sie sich für **nouveau** oder **vieux** und gleichen Sie das Adjektiv an!*

1. Ce vin n'est pas le Beaujolais _____.

2. C'est une _____ bouteille que j'ai prise dans ma cave, elle est de 1950.

3. Mon maître de chai a 75 ans, c'est un _____ homme mais très compétent.

4. Nous essayons parfois des techniques _____ mais ça ne marche pas toujours.

5. Il faut aussi créer une _____ étiquette.

6. Il nous faudra un _____ ouvre-bouteille.

«Avez-vous remarqué quelque chose d'inhabituel? Au bouchon, à l'odeur d'une bouteille quand vous l'avez débouchée?
– Non, dit Beauchamp. J'avais laissé venir les bouteilles quelques jours auparavant pour que le vin puisse reposer après le transport. Les bouteilles ont été rangées à la cave comme il se doit.
– Qui a livré les bouteilles?
– Mon maître de chai, Pascal Legrand, répondit Beauchamp. Pascal devait assister à la dégustation mais les vendanges ont déjà commencé et il doit en surveiller le bon déroulement au domaine.
– Clément a rédigé une critique destructrice sur votre meilleur vin de l'année il y a trois ans», dit Cliquot.
Nathalie avait imprimé cette information sur papier, un ordinateur pouvait donc être utile à quelque chose.
«Vous n'étiez pas contrarié?
– Si, naturellement, répondit Beauchamp sincèrement. Mais Clément avait raison. Ce fut vraiment une mauvaise année et nous n'avons pas réussi à améliorer le vin.
– Néanmoins, vous avez dû en ressentir les conséquences économiques?
– Vous voulez dire que la critique de Clément nous a fait une mauvaise publicité?»Cliquot hocha la tête. Beauchamp aussi hocha la tête.
«Ce fut une année catastrophique pour nous. Mais nous avons appris notre leçon, dit Beauchamp. Pascal et moi sommes repartis sur une nouvelle voie.»

Übung 31: Vervollständigen Sie das Perfekt!

1. Ils _____ repartis sur une nouvelle voie.

2. Nous _____ appris notre leçon.

3. On _____ dû repartir à zéro.

4. Les vins _____ restés dans les caves.

5. Nous _____ couru de grands risques.

6. Vous _____ retournés à l'étranger.

«Comment? voulut savoir Nathalie.
– Eh bien, expliqua Beauchamp, nous concentrons notre production sur un nombre réduit de vins de très haute qualité, que nous vendons très chers et sur deux ou trois vins dans une classe de prix moyenne, où nous avons certes énormément de concurrence – d'autres régions viticoles de France et de l'étranger produisent des vins tout aussi bons que les nôtres – mais nous espérons pouvoir convaincre suffisamment de clientèle qui sache apprécier le côté particulier de nos vins. Il est important de se faire connaître, en particulier pour les petits vignerons.
– Finalement vous pouvez être reconnaissant de la critique de Clément?
– Avec le recul, oui, dit Beauchamp.
– Et votre maître de chai n'est pas rancunier non plus?»
Beauchamp hésita un instant avant de répondre. Il semblait être ailleurs, perdu dans ses pensées.
«Pascal? Pascal a pris l'affaire d'une manière très tranquille. C'est étrange d'ailleurs, dit Beauchamp, c'était la première fois qu'il tentait un nouveau procédé de fermentation mais il n'a pas pu sauver le vin.

– Clément avait donc parfaitement raison avec sa critique?
– Oui, renforça Beauchamp. Quel malheur! Je voulais le lui dire pendant la soirée.»

Übung 32: Setzen Sie das zum Adverb passende Adjektiv ein!

Il a fait cela d'une manière …

(1. parfaitement) _____.

(2. sincèrement) _____.

(3. vraiment) _____.

(4. gentiment) _____.

(5. suffisamment) _____.

(6. finalement) _____.

Monsieur Brasseur était le quatrième et le dernier invité faisant partie de ce cercle choisi de dégustateurs.
Nathalie, assise à côté de Cliquot, dévora des yeux le bel homme qu'était Monsieur Brasseur.
Cliquot s'efforça de dissimuler son agacement. Mais cet homme était vraiment admirable.
Grand et large d'épaules, un teint bronzé et les cheveux blonds, il pénétra dans la pièce avec les mouvements dynamiques d'un sportif. Il salua galamment Nathalie en lui baisant la main et il serra celle de Cliquot comme il le ferait lors d'une soirée mondaine.
Décontracté, il prit place sur son siège.
Brasseur était le propriétaire de plusieurs hôtels de bien-être luxueux avec une cuisine de grande renommée et des vins sélec-

tionnés avec grand soin. Ils étaient connus au-delà des frontières françaises comme des lieux de retraite pour les stars de cinéma, les personnes politiques, les princesses ou encore les mannequins.

«C'est donc réservé à la haute, comme l'on dit si gentiment, commenta Cliquot.

– Evidemment, dit Brasseur, le séjour d'une semaine doit coûter autant que votre salaire mensuel.

– Rien que pour faire jeûner les gens chez vous?

– Dans mes hôtels, on ne jeûne pas aussi simplement, contra Brasseur, nous nommons ça le ‹jeûne jovial›.»

Cliquot eut un regard interrogateur.

Übung 33: Mit dem Partizip Präsens oder dem Gerundium verkürzt man Sätze. Markieren Sie jeweils den ersetzten Satzteil mit ✔!

1. Brasseur était un invité faisant partie du cercle choisi.
    - ☐ a) comme il faisait partie
    - ☐ b) parce qu'il faisait partie
    - ☐ c) qui faisait partie

2. Nathalie parlait en dévorant l'homme des yeux.
    - ☐ a) et dévorait l'homme des yeux.
    - ☐ b) pendant qu'elle dévorait l'homme des yeux.
    - ☐ c) si elle dévorait l'homme des yeux.

3. Cliquot répondit en dissimulant son agacement.
    - ☐ a) comme il dissimulait son agacement.
    - ☐ b) de cette manière: il dissimulait son agacement.
    - ☐ c) et pourtant, il dissimulait son agacement.

4. Brasseur sortit en baisant galamment la main de Nathalie.
   - [ ] a) pendant qu'il baisait galamment la main de Nathalie.
   - [ ] b) de cette façon: il baisa galamment la main de Nathalie.
   - [ ] c) comme s'il baisait galamment la main de Nathalie.

5. Jeûnant pendant une semaine, les clients vivaient sainement.
   - [ ] a) bien qu'ils jeûnent pendant une semaine
   - [ ] b) s'ils jeûnaient
   - [ ] c) comme ils jeûnaient pendant une semaine

6. En venant dans cet hôtel, il pourrait goûter des vins très réputés.
   - [ ] a) s'il venait dans cet hôtel
   - [ ] b) comme il venait dans cet hôtel
   - [ ] c) qui venait dans cet hôtel

Brasseur croisa les jambes de manière distinguée et sourit à la ronde comme s'il faisait un spot publicitaire.

«Après un jeûne d'une semaine au moins, nous offrons à nos invités une semaine de délices contenant mille calories par jour. Le dîner est accompagné par un verre de vin. Naturellement, que des grands vins, entre autres aussi ceux de Beauchamp.»

Brasseur réajusta ses manchettes blanches et impeccables qui dépassaient des manches de son costume en cachemire.

«Un verre seulement? demanda Cliquot incrédule.

– Un verre seulement! confirma Brasseur, mais vous pouvez me croire, ce verre est une des jouissances les plus nobles.

– Un verre de 0,2 cl seulement, dit Cliquot, c'est une torture!

– Non, dit Monsieur Brasseur, souriant, c'est du savoir-vivre.»

Nathalie poussa un soupir et approuva de la tête.

«Vous avez donc participé à la réception pour choisir des vins pour vos hôtels? continua Cliquot.

– Oui, mais j'écris aussi des articles sur les vins dans mon journal ‹joie de vivre›.»

*Übung 34: Finden Sie zu den im Text stehenden Possessivbegleitern mit Nomen die passenden Possessivpronomen **(le mien …)**!*

1. _____
2. _____
3. _____
4. _____
5. _____
6. _____

Brasseur considérait (1. ses ongles) parfaitement manucurés.
«Nous avons fixé la date de la dégustation aussi tôt, de manière à ce que je puisse rédiger les résultats dans l'édition du mois d'octobre. Je voulais conseiller un vin de Beauchamp comme ‹vin de l'année›. En prévision du commerce de Noël.
– N'est-ce pas trop tôt?
– Non, c'est presque trop tard, répondit Brasseur. Mais (2. mon journal) ne paraît que deux fois dans l'année, au printemps et à l'automne. Réservé aux abonnés.
– Et il coûte probablement une semaine de salaire, grommela Cliquot dans (3. sa barbe).
– Une semaine (4. de votre salaire), dit Monsieur Brasseur tout en souriant à Nathalie qui rougit légèrement. Vous ne devriez pas attacher (5. vos cheveux), dit-il en la considérant attentivement, et

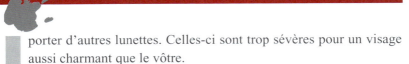

porter d'autres lunettes. Celles-ci sont trop sévères pour un visage aussi charmant que le vôtre.

– Oui», murmura Nathalie qui devint rouge comme une pivoine. Cliquot s'énerva.

«Ne détournez pas la conversation, Monsieur Brasseur, cria-t-il. Il s'agit d'un meurtre et non pas de la coiffure ou des lunettes de (6. mon assistante).»

Übung 35: Setzen Sie die fehlenden Pronomen ein!
(nous, vous, vous, m', m', se, se, on, lui)

«Oh, vous savez, dit Brasseur, vivant ou mort, Clément 1. _____ est assez indifférent. C'était un vieil homme. Il avait bon goût en ce qui concerne le vin. Mais il avait perdu énormément de sa vitalité l'année dernière. De toute façon, avec la vie qu'il menait, il n'aurait pas fait long feu. Au moins, il a eu une belle mort. Il 2. _____ a quittés après une gorgée d'un bon vin. Que veut-3. _____ de plus!»

De nouveau il offrit un sourire charmant à Nathalie.

«Les jolies femmes, par contre, 4. _____ intéressent toujours.

– Ça suffit maintenant», abrégea Cliquot d'un ton impoli. Il 5. ____ leva et poussa Brasseur vers la porte. «Merci de vos renseignements.»

Adroitement, Brasseur 6. _____ retourna et salua Nathalie encore une fois en 7. _____ baisant la main.

«Mais je ne 8. _____ ai encore rien dit quant au meurtre! s'exclama Brasseur de bonne foi. Je suis peut-être en mesure de 9. _____ livrer des pistes ou des indices?»

«A ce moment-là, ne quittez pas Paris et restez à la disposition de la police jusqu'à ce que l'enquête soit close.
– Combien de temps cela va-t-il prendre?» demanda Brasseur.
Cliquot haussa les épaules.
«Je dois prendre l'avion pour New York après-demain. Je tiens une conférence sur le vin réservée depuis un an déjà …
– Je suis vraiment désolé, dit Cliquot intraitable. Vous devez la décommander.
– Avez-vous une idée de ce que cela me coûte si je suis obligé de décommander cette conférence? s'offusqua Brasseur.
– Probablement mon salaire annuel», dit Cliquot, arrogant.
Il referma la porte derrière un Brasseur en colère et se laissa tomber dans un fauteuil.
Nathalie secouait la tête.
«Ça tient de la chicane, dit-elle, ou croyez-vous sérieusement qu'il a quelque chose d'important à nous révéler?»

*Übung 36: Fügen Sie **y** oder **en** ein!*

«Tout le monde est traité de la même manière, dit Cliquot. Aussi longtemps que l'enquête n'est pas close, il fait partie des suspects.
– Oh, Chef. Vous n'1. ___ croyez pas vous-même!»
Nathalie le foudroya du regard.

Cliquot resta sur sa position.

«2. _____ ce qui me concerne, toutes les personnes assises autour de cette table sont suspectes.

– A mes yeux, toutes les personnes qui n'étaient pas assises à cette table, sont aussi suspectes», dit Nathalie.

Cliquot approuva. C'était vrai. Il fallait aussi 3. _____ penser. Il regarda l'heure sur sa montre.

«Huit heures, dit-il, l'heure du petit-déjeuner.

– Quoi, il est déjà aussi tard?», s'écria Nathalie.

Elle s'approcha de la fenêtre et ouvrit les lourds rideaux en velours. Un soleil éclatant plongea dans la pièce.

«Que diriez-vous d'un café frais et du meilleur croissant de la ville?

– Croissant au chocolat 4. _____ compris? demanda Nathalie.

– Chocolat 5. _____ compris, Mademoiselle la gourmande!

– D'accord, je vous suis!» dit Nathalie 6. _____ emballant son ordinateur dans sa sacoche.

Cliquot commanda un taxi. Il 7. _____ avait enregistré le numéro dans son portable et était très fier de lui de savoir utiliser son portable aussi aisément.

«On ne sait jamais quel genre de véhicule le commissariat nous enverrait. Ils seraient bien capables de nous envoyer une trottinette, dit-il à Nathalie. Et surtout, un taxi est moins voyant.»

Lorsque le taxi s'arrêta devant l'hôtel, il indiqua l'adresse au chauffeur: Place des Vosges.
Satisfaits, Nathalie et Cliquot se laissèrent tomber dans les sièges de la voiture. Ils appréciaient l'ambiance matinale d'un Paris particulièrement beau en automne. Le ciel était bleu tendre et le soleil faisait rayonner le feuillage des platanes. Bien qu'il fût encore tôt, beaucoup de personnes se promenaient ce samedi matin. Le taxi de Cliquot et Nathalie progressait rapidement et il s'arrêta peu de temps après devant un petit café dans une rue adjacente à la place des Vosges.

Le café ‹Julie› possédait des volets peints en vert et une terrasse agréable entourée de lauriers. Regroupés sous la marquise à rayures vertes, on voyait une douzaine de tables métalliques auxquelles des touristes et des Parisiens lève-tôt étaient assis en train de bavarder gaiement et de prendre leur petit-déjeuner. Deux tables n'étaient pas encore occupées, l'une étant à l'ombre, l'autre au soleil.

Un couple de touristes d'âge moyen s'apprêtait à s'asseoir à la table ensoleillée. Après avoir déposé leur appareil photo et leurs sacs sur la table, ils attrapèrent une carte des menus pour choisir un petit-déjeuner.
«Dommage, dit Nathalie sur un ton de regret. La dernière place au soleil est occupée.»
Mais Cliquot se dirigea rapidement vers la table.
«Bonjour, salua-t-il très poliment le couple surpris.
– Bonjour», répondit l'homme en observant Cliquot d'un air sceptique.
Voulait-il lui vendre quelque chose, des souvenirs quelconques ou même des montres volées? Ça leur était déjà arrivé à plusieurs

reprises et c'était toujours très contrariant. Les quelques mots de français appris ne suffisaient pas pour se débarrasser rapidement de ces importuns. La femme protégeait de la main l'appareil photo et les sacs.

Übung 37: Bilden Sie jeweils aus dem Passé Simple das Perfekt!

Cliquot (1. se pencha) _____ vers eux.

«Je suis désolé, dit-il à voix basse, mais vous devez quitter cette table.

– Pardon? (2. dit) _____ l'homme avec difficulté. Moi je pas comprendre à vous.

– Vous devez quitter la table!» dit Cliquot un peu plus fort.

Il leur (3. montra) _____ sa carte de police à la dérobée. Le couple (4. ouvrit) _____ de grands yeux.

«Nous avons besoin de la table dans le cadre d'une mesure policière secrète.» Les deux touristes (5. se regardèrent) _____ _____. Avaient-ils bien compris? Une mesure policière?

«Police?» (6. s'assura) _____ la femme.

Cliquot (7. prit) _____ son air conspirateur et (8. fit) _____ oui de la tête.

Ils (9. se levèrent) _____ rapidement, (10. présentèrent) _____ leurs excuses à Cliquot et (11. quittèrent) _____ le café.

Qui sait tout ce qui pouvait se passer dans ce café maintenant. Ils préféraient chercher un autre café où ils pourraient prendre leur petit-déjeuner tranquillement.

«C'est vrai, se justifia Cliquot devant Nathalie, c'est bel et bien une mesure policière que de prendre le petit-déjeuner avec vous au soleil.»

Qu'est-ce que Nathalie aurait pu dire ou ajouter?

Après avoir conquis leur place au soleil, ils commandèrent du café et du café au lait, des croissants au beurre et au chocolat, du jus d'orange, du beurre et de la confiture.

La nuit avait été fatigante et ils apaisèrent leur grande faim en mangeant en silence.

Le café était exquis et tellement fort qu'il aurait presque chassé la fatigue.

«Venons-en à nos mesures policières,» dit Cliquot, rieur.

Übung 38: Setzen Sie folgende Sätze in die Befehlsform um!

1. Vous en prenez. _____

2. Tu en manges. _____

3. Nous les payons. _____

4. Vous la lui donnez. _____

5. Nous la chassons. _____

6. Tu me la prêtes. _____

Ils relurent ensemble les témoignages des invités de la dégustation. «Je résume, dit Cliquot. Les questions à se poser sont donc:

Premièrement ‹Qui a eu l'occasion de verser du poison dans le verre de Clément?›

– Et deuxièmement, compléta Nathalie, ‹Qui a un mobile concluant?›

– Exactement!»

Ils se turent un instant.

«Prenons la première question, commença Nathalie. Qui a eu une bonne occasion?»

Übung 39: Steht im Text der Indikativ Präsens oder der Subjonctif Präsens? Unterstreichen Sie die richtige Alternative!

Elle compta sur les doigts de la main droite.

Le pouce: «C'est toujours Monsieur Beauchamp, lui et lui seul, qui remplissait les verres.»

L'index: «Christine, elle, posait les verres sur un plateau et les donnait aux invités. Elle retirait les verres vides et parfois les redonnait à Beauchamp pour qu'il les (1. Indikativ, Subjonctif) remplisse une autre fois. Il servait toujours un petit demi-verre et Clément aimait ‹déguster› une seconde fois.»

Le majeur: «Madame Clément pouvait, elle aussi, se pencher rapidement au-dessus du verre de son époux sans que quelqu'un le (2. Indikativ, Subjonctif) remarque.

– Apparemment, elle lui donnait toujours ses médicaments pour le cœur pour qu'il (3. Indikativ, Subjonctif) n'oublie pas de les prendre, rajouta Cliquot. Par contre, cela (4. Indikativ, Subjonctif) semble plus difficile pour Brasseur et Madame Rolland.

– Tout de même, Nathalie s'appuya contre le dossier de sa chaise et tourna son visage vers le soleil. Nous (5. Indikativ, Subjonctif) savons que Brasseur s'est levé pour ouvrir une fenêtre.

– Pendant la dégustation du quatrième vin?

– Oui», répondit Nathalie après avoir jeté un coup d'œil sur les rapports rédigés par ses soins sans que Cliquot ne s'en (6. Indikativ, Subjonctif) aperçoive vraiment. Elle préférait conserver les informations importantes par écrit et enregistrées sur son ordinateur.

«Pour aller à la fenêtre, il devait faire le tour de la table et passer à côté de Clément. Il aurait eu l'occasion, de lui verser quelque chose dans le verre …»

Cliquot secoua la tête.

«Mais ça (7. Indikativ, Subjonctif) implique un timing plus que parfait, dit-il, mais qui aurait bien pu le réussir si ce n'est le parfait Brasseur?»

Nathalie ne réagit pas à la provocation.

«Donc, nous ne pouvons exclure que Madame Rolland. Parce qu'elle était assise en face de Clément hors de portée de son verre et qu'elle n'a pas bougé de sa place.

– Oui, et si nous considérons les mobiles, elle n'a aucune raison d'éliminer Clément, même si elle n'aimait pas ses mauvaises manières.

– Brasseur ne semble pas avoir de raison non plus.

– Peut-être en trouverons-nous une, dit Cliquot, méchant. Il ne faut pas abandonner si vite!

– Monsieur Brasseur n'avait pas une haute opinion de Clément, il pose plutôt son regard sur les belles choses de la vie.»

Cliquot ne put s'empêcher, lui non plus, de poser son regard un court instant sur ces belles choses. Nathalie resta impassible.

«Et Beauchamp n'est pas rancunier en ce qui concerne la mauvaise critique de son vin publiée par Clément il y a quelques années, continua-t-elle.»

Übung 40: Setzen Sie die richtige Form des Demonstrativbegleiters *ce* ein!

1. _____ assistance

2. _____ manières

3. _____ mobiles

4. _____ anniversaire

5. _____ année

6. _____ homme

«Madame Clément, par contre, a un mobile convaincant si elle hérite de tout. L'ensemble de l'héritage peut vite s'élever à quelques millions. Il avait sûrement une assurance-vie.
– Non, je l'ai fait vérifié, dit Nathalie. Elle possède vraiment la majeure partie des biens. Clément n'avait rien à part la cave à vins.
– Non! Personne n'a de mobile concluant, répéta Cliquot en résumant le résultat de leur réflexion.
– Et Christine n'en a aucun», compléta Nathalie.
Pensifs, ils continuaient à manger leurs croissants.
«Sauf … si la rumeur concernant Madame Beauchamp et Clément se révèle …
– Je n'y crois pas, dit Cliquot en secouant la tête.
– Si Beauchamp avait vraiment commis le meurtre par jalousie, il ne l'aurait pas commis d'une manière qui lui porte préjudice.
– C'est parce que vous ne croyez pas au pouvoir des sentiments, dit Nathalie passionnée. Sous l'emprise des sentiments, on ne pense pas de manière logique, ça n'a pas d'importance si on se fait le moindre tort.

– Et si c'était ça? réfléchit Cliquot.
– Et si c'était quoi? demanda-t-elle irritée. Que voulez-vous dire?
– Eh bien, si quelqu'un voulait porter préjudice à Beauchamp?»

*Übung 41: Entscheiden Sie sich für **si** (Bedingung) oder **quand** (Zeit) und setzen Sie entsprechend ein!*

1. _____ tu en auras envie, nous irons manger un croissant et boire un chocolat.

2. _____ tu réagis à la provocation, ils n'arrêteront pas de t'embêter.

3. _____ tu continues de manger des croissants, je t'appellerai gourmande!

4. _____ nous aurons assez de preuves contre lui, nous pourrons l'arrêter.

5. _____ il voulait lui porter préjudice, c'est comme ça qu'il aurait fait.

6. _____ tu ne crois pas aux sentiments, moi, j'y crois!

«Comment vous sentez-vous? demanda Cliquot après avoir réfléchi un bon moment à ce nouvel aspect.
– Bien, dit Nathalie.
– Un peu fatiguée?
– Non, Nathalie secoua la tête, l'effet de ce café se rapproche du miracle.

– Tant mieux, dit Cliquot. Retournons au commissariat pour voir ce que les collègues de la police scientifique ont découvert.» Poli, il porta l'ordinateur de Nathalie qu'elle emmenait partout avec elle. «Votre machine magique répondra peut-être à nos questions.»

Un commissionnaire apporta le rapport de l'autopsie dans le bureau de Cliquot ainsi que le rapport des premiers résultats du laboratoire. L'autopsie confirmait que le médicament avait provoqué une crise cardiaque et était bien la cause du décès de Clément. Un produit, indiquait le rapport, existant sous forme de poudre ou en ampoule. Et relativement facile à se procurer pour une personne disposant de quelques connaissances médicales.
Toutes les empreintes digitales avaient été relevées et comparées mais cela n'avait pas apporté d'indices supplémentaires – aussi peu que le reste des pistes.

> **ÜBUNG 42**
>
> *Übung 42: Setzen Sie diesen Satz in den Plural!*
> *(1. Le policier   2. a relevé   3. une empreinte digitale*
> *4. qu'il a trouvée   5. sur la table   6. et qui a été comparée*
> *7. avec celle   8. déjà enregistrée.)*
>
> _____
> _____
> _____
> _____

La liste indiquant le contenu des poches ne livrait aucune information particulière. En-dehors de ce que les hommes et les femmes ont dans leurs poches habituellement, on trouva des cachets d'aspirine dans celles de Monsieur Beauchamp, des gouttes pour les yeux dans celles de Madame Rolland et dans les poches de Monsieur Brasseur, des chewing-gums sans sucre.

La femme de Clément avait les médicaments de son mari, pour le cœur, dans son sac à main. Cela n'avait rien d'étrange car elle avait toujours fait attention à ce qu'il les prenne à intervalles réguliers. Comme il les avait oubliés souvent, elle emportait les cachets pour lui.

Les cachets furent analysés: ils contenaient exactement ce qui était indiqué sur l'emballage et rien de plus.

Aucune trace de ce produit qui avait provoqué la mort de Clément. Le coupable, cependant, avait bien été obligé de se débarrasser d'un flacon, d'une ampoule ou d'une petite enveloppe quelque part? Bien sûr, le vide-ordures était la solution la plus évidente. Malgré tout, était-il possible que le coupable ait caché cet objet dans l'hôtel? Ou bien il ou elle l'aurait caché sur lui-même ou sur elle-même jusqu'au moment de quitter l'hôtel? Cela aurait été très audacieux. Non, il ou elle avait vraiment dû faire disparaître ce flacon, cette ampoule ou cette petite enveloppe dans le vide-ordures.

Übung 43: Übersetzen Sie wenn nötig und bilden Sie mit den in Klammern stehenden Adjektiven korrekte Superlativsätze!

1. Le vide-ordures est (l'endroit, gut)

   _____

   pour se débarrasser des preuves.

2. Nous voulons produire (les vins, geschätzt)

   _____

   de France.

3. Je vais sortir (ma bouteille, alt)

   _____

   de la cave.

4. Dans la presse spécialisée, on a tout de suite pu lire (les critiques, aggressiv)

   _____

   contre ce producteur.

5. Nous sommes souvent confrontés (aux clients, schwierig)

   _____.

6. Nous avons affaire (aux criminels, kühn)

   _____.

Nathalie avait rebranché son ordinateur et lisait les e-mails qui s'étaient accumulés.

Cliquot réfléchissait à toutes ses questions restées sans réponses lorsque le téléphone sur son bureau sonna. Il décrocha et écouta sans même avoir le temps de dire ‹allô›.

«J'ignore pourquoi nos supérieurs ont une aussi bonne opinion de vous, grogna le préfet dans le téléphone.

– Ils savent simplement que je suis bon, dit Cliquot en toute modestie.

– Je ne suis pas content, je ne suis pas du tout content à cause de vous, Cliquot! hurla le préfet. Qu'avez-vous découvert?

– Il est sûr et certain que Clément n'est pas mort naturellement. Il a été assassiné avec un produit mortel en combinaison avec de l'alcool, surtout avec beaucoup d'alcool. Surtout si, en plus, la victime est malade du cœur comme Clément.

– Tout ça, ce n'est rien de nouveau! s'impatienta le préfet.
– Oui, mais c'est officiel maintenant, répondit Cliquot.
– D'accord! Alors, nous savons aussi que le vin en soi n'était pas mauvais, dit le préfet soulagé. Eh bien, ça ne doit pas être compliqué de clore l'enquête maintenant. Vous avez assez de suspects», dit le préfet de police.

Übung 44: Suchen Sie die Verbformen, die den gleichen Infinitiv haben! Tragen Sie den Infinitiv ein!

1. vécut _____   ☐ a) veuille

2. puisses _____   ☐ b) avions

3. furent _____   ☐ c) voies

4. verra _____   ☐ d) vivra

5. voudrai _____   ☐ e) serai

6. auras _____   ☐ f) pouvait

C'est justement là la difficulté, pensa Cliquot, il avait *trop* de suspects et pas assez de mobiles.
«A ce niveau de l'enquête, vous devriez savoir qui est l'assassin.
– Naturellement, mentit Cliquot. Il ne manque plus qu'une preuve irréfutable.»
Ce qui était vrai, pensa Cliquot. S'il avait déjà une preuve irréfutable, il aurait par conséquence aussi le meurtrier.
«Alors trouvez-la au plus vite, Cliquot! aboya le préfet, et arrêtez enfin quelqu'un! Il faut que nous puissions présenter une enquête close à la presse.

– Excusez-moi, Monsieur le Préfet, je ne comprends toujours pas pourquoi cette affaire est aussi épineuse. Ça prend l'allure d'un empoisonnement sympathique pour des raisons personnelles.»

Le préfet baissa la voix et chuchota comme s'il craignait que quelqu'un n'écoute leur entretien.

«Le ministre – vous savez de qui je parle – a fait une série de cadeaux – vous connaissez ce type d'action publicitaire – avec les meilleurs fromages et vins de France destinés à tous les pays de l'union européenne et aux Etats-Unis, c'est-à-dire aux pays les plus importants pour nos exportations. Et ce maudit vin de Beauchamp fait partie du lot. On ne doit en aucun cas établir une liaison.»

Übung 45: Setzen Sie das Verb in Klammern ins Futur, wenn es möglich ist!

Si j'(1. avoir) _____ la preuve qu'il (2. être) _____ coupable, je le (3. faire) _____ arrêter personnellement.

Si vous (4. craindre) _____ leur renommée, vous ne (5. réussir) _____ jamais à les interroger correctement.

Si vous (6. prendre) _____ votre temps, on ne (7. conclure) _____ pas l'enquête rapidement.

Cliquot comprenait mieux maintenant pourquoi ces messieurs étaient aussi nerveux. Il riait méchamment en lui-même.

«Ah oui, vous craignez que les autres bouteilles soient aussi empoisonnées?

– Rien que la rumeur, Cliquot. Vous savez bien ce que les rumeurs peuvent engendrer. Au niveau du monde entier, nous serions … Non, les conséquences dans l'exportation du vin sont inimaginables. Le vin français – notre vin, le vin du crime!»

Cliquot percevait l'épouvante dans la voix tremblante du préfet de police.

«Je vois, marmonna Cliquot. C'est donc la raison pour laquelle nous devons présenter au plus vite un coupable.»

Le préfet respira lourdement.

«Dépêchez vous Cliquot, dit-il, avant qu'on en soit à la catastrophe nationale.»

Ensuite, le préfet tonitruait tellement que Cliquot maintint le combiné loin de son oreille.

«Je veux le coupable dans 48 heures. Faites honneur à votre réputation. Vous aimez tant vos méthodes anticonformistes.»

Übung 46: Markieren Sie die Ausdrücke, die einen Subjonctif auslösen, mit ✔!

☐ 1. parce que
☐ 2. pour que
☐ 3. je ne crois pas que
☐ 4. aussi longtemps que
☐ 5. il vaut mieux que
☐ 6. je pense que

Cliquot comprit tout à coup pourquoi on l'avait désigné pour mener cette enquête. En cas de déraillement dans une enquête aussi délicate, on a besoin d'un bouc émissaire à portée de main.

«Ah, pensa Cliquot. J'arrêterai l'assassin de Clément. Jusqu'à aujourd'hui j'ai toujours trouvé les coupables que je cherchais. Enfin, admit-il, presque tous.»

«Il nous a donné 48 heures, c'est-à-dire jusqu'à lundi à 10 heures 45, informa Cliquot Nathalie qui retirait une feuille de l'imprimante.
– Il n'est plus question de dormir!»

Nathalie soupira résignée et tendit la feuille à Cliquot.

«Regardez, chef, de nouvelles informations de la machine magique concernant les connaissances médicales de nos suspects.»

Cliquot commença la lecture et s'arrêta surpris.

«Brasseur a une formation de médecin mais n'a jamais pratiqué, lut Cliquot à haute voix. Savons-nous pourquoi il n'a jamais pratiqué?
– Il a dû reconnaître qu'il gagnerait plus d'argent et plus vite avec ses hôtels de bien-être», dit Nathalie.

! *Übung 47: Setzen Sie diesen Satz in die weibliche Form!*

L'inspecteur rapporte:
«1. Le présumé coupable   2. que j'ai observé   3. me semble être très sportif   4. car il s'est enfui   5. et m'a laissé 6. loin derrière lui,   7. il s'est échappé   8. tel un criminel.»

Son assistante rapporte:

«

Cliquot la regarda.

«Vous pensez qu'il n'a rien à voir avec cette histoire?»

Nathalie hocha la tête.

«Mais je vais relancer une demande de recherche supplémentaire.»

Elle tapa quelques lignes puis se tourna de nouveau vers Cliquot.

«Je trouve plus intéressant le fait que Madame Beauchamp soit la fille d'un pharmacien.

– Vous croyez à cette rumeur dont Madame Rolland a parlé?

– Nous devrions au moins examiner la chose de plus près.

– Ça ne nous facilite pas la tâche.» Cliquot réfléchit un instant.

«Vous savez conduire une voiture? demanda-t-il à Nathalie.

– Evidemment!

– Bien, procurons-nous maintenant une voiture rapide et confortable. Nous partons en Bourgogne, au domaine de Beauchamp à Rossigny.

– A une dégustation de vin? demanda Nathalie en faisant la grimace.

– Non, nous allons agrandir le cercle des suspects et avoir un entretien avec Madame Beauchamp et Pascal Legrand.»

Übung 48: Setzen Sie das passende Relativpronomen ein!

1. C'est un homme _____ n'a rien à voir dans cette histoire.

2. C'est une possibilité _____ vous m'avez déjà parlé.

3. Une idée _____ m'a longtemps fait réfléchir.

4. Au moment _____ il partait, je ne savais pas _____ il allait.

5. Nathalie fit une grimace _____ montrait _____ elle pensait de cette idée.

Au bout d'une bonne heure, ils avaient enfin quitté Paris. Sur l'autoroute de Dijon par contre, la circulation était fluide.

Cliquot appréciait la conduite assurée de Nathalie. Il étira ses jambes sur toute leur longueur.

«Vous aimez le vin? demanda Cliquot.

– Pas particulièrement, dit Nathalie, je préfère une bière ou un coca.

– C'est typique, soupira Cliquot. La nouvelle génération ne sait pas apprécier les trésors de notre pays à leur juste valeur. Dommage!»

Un peu plus tard, il ferma les yeux et s'endormit.

Heureusement, Nathalie avait imprimé l'itinéraire à suivre et ne dépendait pas des indications de Cliquot.

Un peu avant d'arriver à Rossigny, elle alluma la radio. Une chanson de Patricia Kaas résonnait dans la voiture.

Cliquot sursauta.

Übung 49: Bilden Sie das Plusquamperfekt!

1. (Nathalie, rester)

_____ dans la voiture.

2. (elle, ne pas se tromper)

_____ de chemin.

3. (elle et moi, utiliser)

_____ une carte.

4. (l'inspecteur, s'endormir)

_____ pendant le trajet.

5. (ils, arriver)

_____ en Bourgogne.

6. (ils se téléphoner)

_____ le matin.

«Nous arrivons bientôt!» dit Nathalie.
Cliquot regarda l'heure. Il était presque midi lorsqu'ils traversèrent le village de Rossigny; un village caractéristique de la Bourgogne avec ses maisons en pierre au toit en ardoise, la grosse église et entouré de vignes. Le village était en pleine action: les vendanges avaient commencé. Les vendangeurs profitaient des journées ensoleillées et sans pluie pour récolter le raisin et le mettre en cave.
Nathalie put éviter de justesse un tracteur tirant une remorque remplie de raisin qui s'engageait sur la route principale.
Un autre camion chargé de raisin déboucha en face d'elle et l'obligea à freiner. Des troupes entières de saisonniers, jeunes hommes et jeunes femmes, marchaient sur la route en bavardant et en riant. Les machines à vendanger cahotaient dans les vignes.
Cliquot ouvrit la fenêtre et respira l'odeur dégagée par le raisin.
Un panneau sur la droite à quelques centaines de mètres portait l'indication Domaine Beauchamp. Ils roulèrent sur des petites routes à travers les vignes et découvrirent la maison. Au milieu d'un jardin qui ressemblait plus à un parc, la maison était baignée d'un soleil automnal. Un petit château avec des tuiles luisantes, de hautes fenêtres et des petites tours à droite et à gauche.

Übung 50: Hier fehlen Relativpronomen mit Präposition! Fügen Sie das passende Relativpronomen ein!

1. Le village dans _____ ils arrivent, est typique pour le pays.

2. Les maisons en pierre sur _____ sont posés des toits d'ardoises, invitent à la fraîcheur.

3. L'église autour de _____ pousse la vigne, est remarquable.

4. Les remorques près _____ se trouvent un tas de jeunes saisonniers, sont chargées de raisin.

5. Les caves dans _____ on mettra le vin, sont bien fraîches.

6. Le jardin au milieu _____ se trouve la maison, est baigné de soleil.

«Qu'avez-vous trouvé sur Madame Beauchamp?» voulut savoir Cliquot.
Nathalie fit un rapport sur ce qu'elle avait trouvé dans les différentes archives au sujet de Madame Beauchamp.
Isabelle Beauchamp était grande, blonde et aussi belle que Catherine Deneuve.
A l'âge de vingt ans, elle fut élue Reine des vignerons de la région. Robert Beauchamp tomba fou amoureux d'elle. Il dut s'imposer au milieu de bon nombre de concurrents avant de conquérir son cœur. Un vrai prince de la noblesse européenne avait même demandé la splendide Isabelle en mariage. Finalement, elle s'était décidée en faveur du jeune Beauchamp et l'avait épousé.
«Je ne l'ai jamais regretté, Monsieur l'Inspecteur, pas un seul jour. J'aime mon mari», dit Madame Beauchamp simplement.
Cliquot n'avait jamais vu une aussi belle femme.
Il était assis en face d'elle et se sentait maladroit comme un jeune

écolier. En rentrant dans le petit salon, il avait presque trébuché sur un tapis.

Assis sur une petite chaise Louis XVI, il avait l'impression que ses jambes s'entremêlaient de plus belle.

Übung 51: Unterstreichen Sie die sinnvolle Alternative!

1. Vous pouvez (les, leur) aider.
2. On (les, leur) a appris la nouvelle.
3. Nous pourrions (les, leur) suivre.
4. Nous ne (les, leur) avons pas téléphoné.
5. Ils (les, leur) en ont parlé.
6. Je ne veux pas (les, leur) ridiculiser.

Madame Beauchamp leur avait offert une tasse de thé. Cliquot évitait de boire dans des petites tasses en porcelaine. Une fois déjà, son doigt était resté coincé dans l'anse étroite d'une telle tasse et il ne voulait pas se ridiculiser devant cette femme. Il sentait que Nathalie s'amusait à ses dépens.

Il afficha le visage du policier sévère, impartial.

«Veuillez nous pardonner, Madame, mais notre enquête sur le dossier Clément …

– Le pauvre Clément, l'interrompit Madame Beauchamp, vraiment regrettable. En plus, il meurt pendant une de nos dégustations de vins. Il appréciait tellement nos grands vins. Mais je suis sûre que vous trouverez le meurtrier.»

Elle souriait à Cliquot en parlant.

«Alors dans le cadre de nos recherches, hum, je veux dire que le cadre de nos recherches …» bégaya Cliquot.

Que voulait-il dire? Il remarquait qu'il perdait le fil de ses pensées face à la superbe Isabelle. Il manquait d'assurance devant elle. Il chercha de l'aide auprès de Nathalie en se tournant vers elle.

Übung 52: Setzen Sie wenn nötig die Präposition *à* ein!

1. Je vais le raconter _____ mon mari.

2. Je ne veux pas ridiculiser _____ le propriétaire.

3. Vous allez afficher _____ les prix?

4. Je veux pardonner _____ celui qui m'a critiqué.

5. Il ne faut pas interrompre _____ les ouvriers pendant leur travail.

6. Nous avons beaucoup apprécié _____ votre vin.

«Aviez-vous une liaison avec Clément?» demanda Nathalie sans détours.

Cliquot en avait le souffle coupé.

Madame Beauchamp, stupéfaite, ouvrit ses grands yeux bleus et se mit à rire à gorge déployée.

«Vous vous moquez de nous, dit Cliquot vexé.

– Oui, dit-elle toujours en riant. Excusez-moi, on ne doit pas dire de mal des morts mais Clément était gros, laid et n'avait même pas de charme.

– Oh, dit Nathalie sans conviction, un homme ne doit pas toujours être beau.

– En dehors de ça, il ne vivait que pour ses deux passions, continua Madame Beauchamp, le vin et la bonne cuisine. Et les deux en grande quantité.»

*Übung 53: Ersetzen Sie **seulement** durch **ne ... que**!*

1. Il vivait seulement pour ses bouteilles.

___

2. Il vous reste seulement à venir.

___

3. Elle a seulement toi pour ami.

___

4. Nous voulons seulement un verre de vin.

___

5. Ils aiment seulement la bonne cuisine.

___

6. Un homme ne doit pas seulement être beau physiquement.

___

«Quand même, il s'est marié deux fois, intervint Cliquot.
– Sa première femme l'a quitté parce qu'il passait plus de temps avec ses bouteilles de vin dans la cave qu'avec elle. Sa seconde femme, Sylvie Clément, a tiré parti de la situation. Entre-temps elle est devenue une experte en vin reconnue et maintenant qu'il est mort, elle hérite tout. Ce n'est pas rien – une maison du côté de Paris, une cave à vins réputée contenant des vins exquis et chers.
– Madame Clément prétend qu'elle a apporté tous les biens dans le mariage, sauf la cave à vins.»
Madame Beauchamp but un peu de thé. Vraiment, quelle élégance, pensa Cliquot.

Elle secoua la tête.

«Elle en diminue l'importance, dit-elle. La presse va se jeter sur elle quand elle apprendra la mort de Clément.

– Vous croyez qu'elle ne l'a épousé que pour des raisons matérielles?»

Madame Beauchamp s'adossa à sa chaise en souriant. Cliquot considérait son visage magnifique.

*Übung 54: Setzen Sie **croire** und **voir** im Präsens, Perfekt oder Infinitiv ein!*

1. Bonjour Inspecteur, j'ai _____ vous _____, hier, dans un restaurant.

2. Vous _____ m'avoir _____, mais je _____ que vous vous êtes trompée.

3. Il _____ tout ce qu'on lui dit.

«Clément avait sûrement ses bons cotés. Vous pouvez me croire, personnellement, je n'ai jamais été tentée de les découvrir.

– Vous le connaissiez bien avant d'épouser Monsieur Beauchamp.»

Cliquot avait lu cette information dans le dossier que Nathalie avait fait.

«Oui, nous venons du même village …, dit-elle en réfléchissant. Ah oui, je sais à quoi vous faites allusion. Lorsque je fus élue reine des vignerons, il s'est vanté dans le monde entier qu'il me connaissait depuis longtemps.»

De nouveau elle rit de son rire perlé.

«Mais nous ne nous sommes jamais rien dit de plus que ‹Bonjour›,

‹Ça va› et ‹Au revoir›. Non, nous n'avons pas fait connaissance plus que ça.»

Übung 55: Setzen Sie die Verben in der angegebenen Zeitform ein!

Cliquot l'(1. examiner, Imperfekt) _____ d'un air sceptique. Madame Beauchamp (2. s'adresser, Passé simple) _____ à Nathalie.

«Vous et Clément … je (3. vouloir, Präsens) _____ dire, vous, (4. pouvoir, Konditional I) _____-vous l'imaginer?

– Non, dit Nathalie, (5. répondre, Partizip Präsens) _____ d'un ton décidé. Mais l'amour fait quelques fois d'étranges détours.»

«Je peux vous assurer qu'il n'a pas fait de détour de mon côté, dit Madame Beauchamp. L'amour mis à part, pourquoi l' (6. tuer, Konditional II) _____-je donc _____?

– Vous (7. craindre, Imperfekt) _____ le scandale.

– Je vous en prie! dit Madame Beauchamp. Vous n'y croyez pas vous-même. Nous ne (8. vivre, Präsens) _____ plus au 19ème siècle! Et comment l'aurais-je tué? Je n' (9. être, Imperfekt) _____ même pas là dans la salle à manger et je n'ai pas eu une seule occasion de lui verser quelque chose dans son verre. Ce (10. devoir, Präsens) _____ être quelqu'un qui était présent dans la salle.»

«Quelqu'un aurait pu vous aider, continua Nathalie têtue.
– Et Madame Clément? redemanda Isabelle Beauchamp une nouvelle fois.
– S'il y a une personne, selon votre théorie, qui avait des raisons d'être jalouse, c'est bien Madame Clément, elle a peut-être tué son mari par crainte du divorce. Elle était assise à côté de lui. Personne n'aurait rien vu si elle lui avait versé quelque chose dans son verre.
– Bien! dit Cliquot, nous y réfléchirons.
– Réfléchissez-y, dit Madame Beauchamp.
– Et nous réfléchissons à une autre question: avez-vous aidé dans la pharmacie de votre père avant votre mariage?»
Nathalie voulait encore tenter d'écorcher l'assurance de Madame Beauchamp.

Madame Beauchamp comprit tout de suite l'arrière-pensée de cette question.

«Je dois malheureusement vous décevoir, dit-elle, souriante. J'ai travaillé à Paris chez un couturier, un de nos grands couturiers. Je peux volontiers vous donner les numéros de téléphone si vous avez besoin d'une confirmation de sa part.»

ÜBUNG 56 !

*Übung 56: Setzen Sie **réfléchir** in der passenden Zeitform ein!*

1. Maintenant, nous _____ à la question!
2. J'y _____ déjà _____, et j'y

_____ encore maintenant.

3. Les gendarmes y _____, eux aussi.

4. Tout le monde y _____.

5. J'y _____ déjà hier quand tu es arrivé.

Beauchamp entra dans la pièce. Madame Beauchamp alla à la rencontre de son époux et l'embrassa tendrement.
Beauchamp salua Nathalie et Cliquot et leur proposa de leur montrer la propriété et la cave à vins. Pascal Legrand travaillait là-bas.
«Ça tombe bien, dit Cliquot. Nous voudrions aussi parler avec Monsieur Legrand.»

Dans les grandes caves voûtées, une douzaine d'employés travaillaient sous la direction de Pascal Legrand. Des montagnes de raisin géantes disparaissaient dans les pressoirs à vin qui dégageaient une odeur intense de sucre et de fruits trop mûrs. Des mouches et des guêpes tournaient autour du moût qui s'écoulait dans les cuves.
Beauchamp fit un signe à Pascal pour lui dire qu'il le remplaçait. Pascal suivit Cliquot et Nathalie dans la cour. Le soleil éclatant leur permit de s'asseoir dehors dans les fauteuils en osier confortables.
Pascal Legrand n'avait pas la beauté indiscutable de Monsieur Brasseur. Cependant, l'expression jeune de son visage, les cheveux désordonnés où un drôle d'épi se dressait, valait le détour.
Mécontent, Cliquot constata que son assistante timide lui jeta plus d'une fois un regard intéressé.
«Je ne sais pas quoi vous dire, dit-il d'un ton très brusque. Ça ne peut pas attendre la semaine prochaine? Nous sommes en pleines vendanges.»

ÜBUNG 57

*Übung 57: Setzen Sie **prochain, premier** und **dernier** in der richtigen Form ein!*

1. Je viendrai dans les _____ jours.

2. La semaine _____, nous avons eu du mauvais temps, c'est mauvais pour la vigne.

3. Ça peut endommager la _____ récolte.

4. Dans les _____ temps, nous n'avions pas de succès.

5. Mais ces _____ mois, les clients sont à l'appel.

6. L'année _____, nous n'avons pas eu de chance.

«Les enquêtes sur un meurtre ne peuvent pas attendre, répondit Cliquot.
– Que voulez vous que je vous dise, répéta Pascal Legrand, je n'étais même pas là lorsque le meurtre a été commis.
– C'est votre avis qui m'intéresse, dit Cliquot. Quelle opinion aviez-vous de Monsieur Clément?»
Pascal Legrand réfléchit un instant.
«Il s'y connaissait, dit-il finalement. Il savait ce qu'était la qualité. Ce que la terre donne et ce que doit faire un vigneron pour produire un bon vin.
– Il a critiqué sans retenue votre vin, il y a trois ans. C'était la première année que vous travailliez chez Beauchamp. Ça ne vous a pas mis en colère?»
Pascal Legrand s'adossa au dossier de son fauteuil.
«Non, parce que Clément avait raison. Le vin était mauvais. Je l'avais déjà dit à Beauchamp mais il ne voulait pas m'écouter. J'étais soi-disant trop inexpérimenté pour en juger.»
Il rit.

Übung 58: Setzen Sie das direkte oder indirekte Fragepronomen ein!

(qu'est-ce que, est-ce que, qu' est-ce que, qui est-ce qui, ce qui, qui)

1. _____ vous me voulez?

2. Comment voulez-vous que je sache _____ est arrivé?

3. Pourquoi _____ vous me poursuivez?

4. Je ne sais pas _____ a tué ce pauvre homme.

5. Et _____ vous voulez que ça me fasse?

6. _____ a osé dire que c'était de ma faute?

7. _____ vous avez des preuves?

8. Il est arrivé _____ devait arriver.

«A l'époque, Beauchamp m'aurait presque frappé!
– Vous avez souvent ce genre de difficultés avec votre chef? demanda Nathalie.
– Non, répondit Legrand, je sais comment le prendre. Je ne me laisse pas provoquer. On ne sait jamais!»
Il rit à nouveau. Nathalie trouvait que ses paroles contenaient de la haine.
«D'autant plus que vous avez toutes les raisons de lui être reconnaissant, dit-elle sévèrement.
– Parce qu'il a financé mes études? dit-il en regardant Nathalie. Oui, en effet, je devrais vraiment être reconnaissant, n'est-ce-pas?»
Il se leva brusquement.
«Et maintenant, je vous prie de m'excuser! Il faut que je m'occupe des prochaines arrivées de raisin.»

Übung 59: Setzen Sie die richtigen Präpositionen ein!
(dans, dans, dans, dans, vers, le long d', le long du, devant)

Beauchamp leur fit signe de la main. Ils le suivirent 1. _____ un passage étroit et s'arrêtèrent 2. _____ une grosse porte lourde. Beauchamp l'ouvrit et ils entrèrent 3. _____ une autre cave à vin.

Les yeux de Nathalie et de Cliquot s'habituaient lentement à l'obscurité de la cave.

«Mes trésors», dit Beauchamp d'un air très fier.

Les étagères montaient 4. _____ mur jusqu'au plafond et étaient remplies d'innombrables bouteilles de vins.

«Nous stockons 5. _____ cette cave des bouteilles de chaque année et de chaque sorte, produites 6. _____ notre domaine, expliquait Beauchamp, la bouteille la plus ancienne a plus de 150 ans.

Il se dirigea 7. _____ un petit bar en bois foncé. Des petits verres de dégustation et une bouteille de vin sans étiquette s'y trouvaient.

«Mon meilleur vin de l'année dernière, dit Beauchamp, goûtez!»

Il servit à chacun une gorgée 8. _____ les petits verres.

Cliquot porta son verre au nez pour sentir l'arôme. Nathalie l'imita. L'arôme était magnifique. Elle but une petite gorgée.
«Alors, quel goût a-t-il? voulut savoir Beauchamp.

– Un peu de framboises, de bois et de vanille, dit Nathalie, puis elle éternua.

– Pas mal, la complimenta Beauchamp. C'est la description que les grands connaisseurs de vin ont aussi donnée. Vous devriez vous lancer dans la vigne.

– Oh, dit Nathalie, ça me plaît bien dans la police.»

Elle éternua de nouveau.

«Je suis aussi allergique aux champignons, dit-elle.

– Dommage, dit Beauchamp, on aurait bien besoin d'une nouvelle génération qui prenne la relève.

– Vous avez Legrand déjà, dit Cliquot.

– Oui, Dieu soit loué, dit Beauchamp, il deviendra un excellent maître de chai avec quelques années d'expérience en plus.

Il referma la porte massive qui menait à la cave et les guida dans les escaliers en pierre avec des arcades vers la maison.

«Je croyais que vous n'aimiez pas le vin!»

Cliquot se sentait exclu par son assistante. C'était lui le connaisseur en vin, pas elle.

«Le bon vin, si!» répartit Nathalie.

Übung 60: Bilden Sie die Futurform!

1. voir   je   _____
2. pouvoir   tu   _____
3. pleuvoir   il   _____
4. falloir   il   _____
5. aller   nous   _____
6. devoir   vous   _____

Madame Beauchamp les attendait devant la maison.

«Vous avez le temps de déjeuner?» demanda-t-elle d'un charmant sourire.

Cliquot n'avait rien contre l'idée de rester encore un instant auprès de cette belle femme.

«Il n'y a rien de particulier, dit-elle, mais vous êtes invités de bon cœur.»

Pour commencer, elle leur servit un kir, le fameux apéritif de la Bourgogne, un mélange de vin blanc de Bourgogne avec de la crème de cassis.

«Son invention fut semble-t-il un hasard, raconta Monsieur Beauchamp. Sa réputation est due à un chanoine s'appelant Kir, qui fut Maire de Dijon pendant plus de vingt ans. Il rendit la boisson si célèbre qu'elle porte son nom aujourd'hui.»

Le déjeuner, que Madame Beauchamp leur offrit, se constituait de différentes spécialités bourguignonnes.

Des escargots avec un petit beurre aux herbes, des oeufs avec une sauce au vin rouge et comme plat principal, un poulet à la crème. Nathalie abandonna la course au fromage, Cliquot tint le coup jusqu'au dessert.

«Ça faisait longtemps que je n'avais pas mangé autant et aussi bien, dit-il.»

*Übung 61: Setzen Sie **aussi** oder **autant** ein!*

1. Elle mange _____ que lui.

2. Cette boisson est _____ bonne que sa réputation.

3. Ne m'en donnez pas _____ ! Je n'ai presque plus faim.

4. Il y en a _____ dans ce plat que dans l'autre.

5. Le poulet à la crème était tout _____ délicieux que les escargots au beurre d'ail.

6. Je n'ai encore jamais été _____ rassasiée!

7. Prenez-en _____ qu'il vous plaira!

8. Certains plats se dégustent _____ bien chauds que froids.

9. Ne faites donc pas _____ de manières!

10. A ce prix-là, _____ ne pas se priver!

«C'était un vrai délice, complimenta Nathalie. Vous pourriez me donner le secret de la recette des oeufs à la sauce au vin rouge. Je les ai adorés.
– Si ce déjeuner n'était rien de particulier, qu'appelez-vous un déjeuner particulier? dit Cliquot.
– Vous savez, c'est la cuisine bourguignonne toute simple», dit Madame Beauchamp.
Pendant le repas, Monsieur Beauchamp servit un vin rouge léger. Cliquot en but une certaine quantité. C'était le vin qu'il aimait tant.
«Vous conduisez», dit-il de bonne humeur à Nathalie.
Il lui autorisa un verre, ensuite il ne lui versa que de l'eau minérale. Pendant qu'ils buvaient le café et un marc de Bourgogne exquis, Madame Beauchamp s'excusa pour s'occuper de la maison.
Beauchamp se leva et tendit une boîte à cigare à Cliquot. Mais Cliquot refusa.
«Vous permettez?» demanda Beauchamp à Nathalie.
Elle fit oui de la tête.
«J'aime la fumée des cigares», dit-elle.
Beauchamp alluma son cigare en tirant de grosses bouffées.

Übung 62: Setzen Sie die Wörter an der richtigen Stelle ein!
(d'autres, tous, plusieurs, diverses, n'importe quel, certains)

L'inspecteur a goûté

1. (mehrere) _____ sortes de vins.

2. (alle) _____ n'étaient pas bons.

3. (manche) _____ étaient meilleurs que

4. (andere) _____.

5. On ne peut pas dire que (ein beliebiger) _____ vin lui plaise.

6. (verschiedene) _____ personnes n'aiment absolument pas le vin.

«Vous nous avez caché que vous aviez eu une altercation avec Clément il y a trois ans», dit Cliquot dans la tranquillité de l'après-midi.
Beauchamp baissa la tête.
«J'avais peur que vous ne me soupçonniez, ou, ce qui serait encore plus grave, que vous ne m'arrêtiez. Pendant les vendanges …
– Qu'est ce qui a déclenché votre altercation à l'époque? demanda Cliquot.
– Vous savez que Clément avait jugé mon vin comme très mauvais. Ce fut vraiment un jugement destructif. J'ai reproché à Clément de n'avoir même pas pu goûter réellement au vin parce qu'il était trop ivre. Et Clément, vraiment ivre, me hurla que, saoul ou pas, il en savait plus que moi en matière de vin. Ça m'a mis tellement en rage que je lui ai envoyé un coup de poing au menton.»

Übung 63: Fügen Sie die Adverbien ein!
(même, assez, aujourd'hui, depuis, plutôt, très, sûrement, quelquefois, avant, sincèrement)

Beauchamp riait gêné.

«C'est (1. sehr) _____ gênant pour moi d'en parler – (2. heute) _____ encore! Et vous pouvez me croire, une telle chose ne s'est plus produite (3. seitdem) _____.

– Depuis quand? Que voulez vous dire?»

Beauchamp se racla la gorge.

«(4. früher) _____, j'étais (5. ziemlich) _____ colérique. Vous avez (6. sicher) _____ découvert que j'ai (7. sogar) _____ été accusé pour coups et blessures dans ma jeunesse, mais je n'ai pas été condamné.»

Cliquot considérait la large stature de Beauchamp.

«Vous ne laissez plus parler les poings quand vous avez des différends?

– Non, même si (8. manchmal) _____ ça me démange, avoua (9. ehrlich) _____ Beauchamp, et commettre un meurtre, non!

– Les colériques agissent (10. eher) _____ sous l'emprise de la passion, dit Nathalie.

– Oui, dit Cliquot. C'est autre chose que de planifier un meurtre au poison.»

Il dévisagea Beauchamp de son regard de policier sévère.

«Je vous prierai néanmoins, de ne rien me cacher. Vous entravez l'action de la police dans une enquête sur un meurtre. Je pense que c'est dans votre intérêt que votre vin ne fasse pas la une des journaux comme le vin du crime.»

Beauchamp hochait la tête d'un air penaud.

«Je suis très intéressé à ce que le dossier soit classé rapidement. Je ne veux même pas m'imaginer ce qui se passerait si la presse avait vent de cette affaire.»

Pensif, Beauchamp but une gorgée de marc.

«Vous savez, les dernières paroles de Clément ne me sortent pas de la tête:

‹… mais il manque quelque chose›.»

Préoccupé, il secoua la tête.

«Dans ce cas-là, on avait rajouté quelque chose dans son vin, quelque chose de mortel. Il s'était rarement trompé dans ses jugements mais son dernier avis était une erreur grossière.»

! *Übung 64: Stellen Sie die unterstrichenen Satzteile in die indirekte Rede um! Achten Sie auf die Zeitverschiebung und die Anpassung der Personalpronomen!*

ÜBUNG 64

L'inspecteur Cliquot sursauta, Nathalie le secouait.

Il dormait profondément pendant qu'elle conduisait tout le long du trajet sans se plaindre une seule fois.

«1. Réveillez-vous! 2. Nous sommes à Paris.

1. Elle lui a dit de

_____.

2. Elle a ajouté

_____ .

– 3. <u>Je ne dormais pas,</u> répondit Cliquot d'un ton vexé. 4. <u>Je réfléchissais.</u>

3. Cliquot a répondu

_____ .

4. Il a ajouté

_____ .

– 5. <u>Et les résultats?</u>» demanda Nathalie, sceptique.

5. Nathalie a demandé sceptique

_____ .

Elle ne dévoila pas qu'il avait ronflé en cours de route et qu'elle avait essayé de lui parler une ou deux fois. Cliquot n'avait pas réagi. Nathalie l'avait laissé dormir.

«Avouez que 6. <u>vous avez rêvé de moi,</u> dit Nathalie en imitant la voix d'Isabelle Beauchamp.

6. Elle lui a demandé d'avouer

_____ .

– 7. <u>Vous avez un vrai talent d'imitatrice</u>», dit Cliquot.

7. Il lui a dit

_____ .

Cliquot avait rêvé et quelque chose dans son rêve lui était venu à l'esprit qui était en rapport avec la mort de Clément. Malgré tous ses efforts, il ne parvint pas à se le rappeler.

Il donna quartier libre pour l'après-midi à Nathalie qui était morte de fatigue.

«Rentrez chez vous et reposez-vous! dit-il généreusement. Nous nous revoyons demain matin. Je vous appelle si jamais quelque chose de nouveau se produit.»

Il venait juste de profiter d'une grosse heure de repos au bureau lorsque quelqu'un frappa à la porte.

«Entrez», grommela-t-il. C'était l'adjoint du préfet de police.

«Où en êtes-vous? demanda-t-il. Des nouvelles pistes?»

Cliquot détestait ce genre de questions. Bien sûr qu'il avait de nouvelles pistes mais comment savoir à l'avance où elles allaient le mener.

«Evidemment, répondit-il.

– Vous faites des progrès, mon bon ami? continua l'adjoint.

– Naturellement. Le dossier sera classé en l'espace de 48 heures comme l'exige Monsieur le Préfet.

– Très bien, dit l'adjoint. A ce moment-là, je vous prie de m'informer dans le détail de l'évolution de l'enquête.»

! *Übung 65: Suchen Sie zu den unterstrichenen Nomen die verwandten Verben und formulieren Sie den Satz um! (Achten Sie auf die angegebene Zeitform, Aktiv und Passiv!)*

ÜBUNG 65

Il veut savoir comment ... (Präsens)

1. le <u>progrès</u> de l'enquête

_____.

2. l'évolution de l'enquête

_____.

Il veut savoir pourquoi … (Perfekt)

3. l'interrogatoire des témoins

_____.

4. la disparition du portable

_____.

5. le prélèvement des empreintes

_____.

Il veut savoir quand … (Futur)

6. la livraison du vin

_____.

7. l' arrivée de son assistante

_____.

Cliquot n'en avait aucune envie. Il aurait préféré dormir une heure de plus et réfléchir en toute tranquillité au dossier.
L'hymne national se fit entendre. L'adjoint du préfet se leva irrité et se mit au garde à vous pendant que Cliquot fouillait ses poches à la recherche de son portable.
«Chef, Nathalie semblait être dans tous ses états, je viens de recevoir une information par e-mail: Christine Colomb et Pascal Legrand sont de la même famille.»
Cliquot émit un long sifflement.

L'adjoint du préfet s'était laissé retomber sur une chaise et regardait embarrassé par la fenêtre.

«Elle est sa cousine, la fille de sa tante.

– Regardez-moi ça! Quelle coïncidence intéressante! Legrand n'en a pas dit un mot.

– Ça ne peut pas être une coïncidence non plus?

– Non, dit Cliquot, cela ferait trop de coïncidences d'un coup.»

Cliquot était un peu contrarié que Nathalie ait découvert cet indice intéressant. Mais ça le libérait de l'obligation de faire un rapport à l'adjoint du préfet de police.

Übung 66: Übersetzen Sie die Verben und tragen Sie die Imperfektform ein! Enträtseln Sie das Lösungswort!

1. (sagen, je)   □ _ _ _ _ _ _
2. (schreiben, tu)   □ _ _ _ _ _ _ _
3. (beginnen, il)   □ _ _ _ _ _ _ _
4. (langweilen, nous) □ _ _ _ _ _ _ _
5. (überprüfen, vous) □ _ _ _ _ _ _ _
6. (haben, ils)   □ _ _ _ _ _ _
7. (befragen, je)   □ _ _ _ _ _ _ _ _ _
8. (arbeiten, tu)   □ _ _ _ _ _ _ _ _

Lösungswort: (enttäuschen, il) _ _ _ _ _ _ _ _

«Vous avez encore la voiture? demanda-t-il à Nathalie.

«Non, j'ai dû la laisser au commissariat et rentrer en métro à la maison.

– Je suis chez vous dans dix minutes.»

Il mit fin à l'appel et empocha son portable, il attrapa son manteau et était déjà à moitié sorti.

«Que se passe-t-il, Cliquot? L'adjoint du préfet, très curieux, tenait à peine en place.

– Des nouvelles pistes! répondit Cliquot, il faut que je parte immédiatement.

– Votre béret basque», lui cria l'adjoint en lançant la coiffe à Cliquot.

Impatiente, Nathalie attendait déjà Cliquot qui ne chercha pas à se garer mais s'arrêta hardiment au milieu de la rue pour laisser monter Nathalie. Les voitures dans la file derrière lui klaxonnaient en concert. En effet, Cliquot cala deux fois de suite. Ils eurent besoin d'un certain temps avant de continuer leur route.

Übung 67: Setzen Sie die Modalverben richtig ein!
(devoir, pouvoir, savoir, vouloir)

1. Je ne _____ encore rien vous dire pour le moment.

2. Je ne _____ encore rien de nouveau.

3. Cliquot ne _____ pas se garer, cela prend trop de temps.

4. L'adjoint du préfet a _____ savoir ce qui se passait.

5. Est-ce que vous _____ m'aider?

6. Elle a _____ avoir une panne, elle n'est jamais en retard!

«Quoi qu'il en soit», Cliquot s'engagea dans la circulation. Il arriva devant un croisement où il ignora la priorité. Les coups de klaxon enragés ne semblaient pas le déranger.

«Nous devrions examiner cette coïncidence bizarre de plus près. Nous partons demain à Rossigny interroger Pascal Legrand, mais avant, nous allons demander à Christine pourquoi elle ne nous a rien raconté au sujet du lien de parenté.

– Elle habite dans un des appartements réservés aux employés dans la rue Chardon, directement à côté de l'hôtel de Bourgogne.

– Vous êtes vraiment une fille maligne, dit Cliquot pour la remercier. Vous ferez une excellente policière un de ses jours.»

Nathalie leva les yeux au ciel.

Après avoir finalement trouvé une place pour se garer, ils se dirigèrent vers l'hôtel de Bourgogne et demandèrent à voir Christine.

*Übung 68: Formulieren Sie den Anfang der Sätze mit **quoi que** und dem angegebenen Verb!*

1. dire, il

_____, je fais ce que je veux!

2. faire , vous

_____, je vous aiderai.

3. penser, ils

_____, je ne changerai pas d'avis.

4. vouloir, tu

_____ entreprendre, je t'accompagnerai.

5. prendre, nous

_____ comme précautions, cela ne marche pas.

6. faire, je

_____ , elle n'est jamais contente.

«Demandez à la concierge dans la maison réservée aux employés, dit le portier.
– Elle n'a pas signalé son absence, dit la concierge. Est-ce que ça a un rapport avec l'accident?»
Cliquot se demanda un instant de quel accident elle parlait. Il lui revint à l'esprit qu'il n'y avait pas de meurtre officiellement.
«Non, non, dit Cliquot, il s'agit d'une affaire de famille.»
Il réfléchit un instant puis il prit un air conspirateur.
«Madame, pourrions nous jeter un œil dans la chambre de Christine? Il s'agit d'une surprise et j'ai besoin d'une lettre dans laquelle une adresse bien précise se trouve.
– Celle de son fiancé, intervint Nathalie.
– Mais seulement en ma présence», s'entêta la concierge.
Naturellement, elle était curieuse et voulait savoir qui était le mystérieux fiancé. Effectivement, Mademoiselle Christine recevait parfois des lettres sans expéditeur. De Bourgogne, de Dijon.
Mais ça, elle ne le dirait pas à ces policiers, encore moins à cette ‹assistante› prétentieuse. Ils ne lui avaient même pas donné un euro pour les services rendus.

*Übung 69: Bilden Sie die Frage mit **quel**!*

1. Un accident? _____

2. Une plainte? _____

3. Un meurtre? _____

4. Leurs amies? _____

5. Une chambre? _____

6. Des clients? _____

Etant donné les circonstances, l'inspection de la chambre ne put être effectuée que superficiellement. Bien sûr, on ne trouva aucune lettre ou quelque chose d'autre dans la chambre ordonnée et simple. Pour la forme, Cliquot finit par demander le numéro de téléphone de la mère de Christine que la concierge ne donna qu'à contrecœur. Une fois dehors dans la rue, Cliquot appela la mère de Christine.

«Non, dit Madame Colombe, Christine est à Paris, elle doit travailler ce week-end. Voulez-vous que je vous donne le numéro de téléphone?»

Cliquot se laissa donner aussi ce numéro pour ne pas inquiéter Madame Colombe, la remercia et raccrocha.

«Pascal en sait peut-être plus, songea Cliquot.

– Pourquoi ne l'appellerait-on pas?»

Cliquot composa le numéro de Pascal. A force, il maniait le petit clavier de son portable assez bien.

«Monsieur Legrand, dit Cliquot, (1.) nous cherchons votre cousine.

– …

– (3.) Christine Colombe est bien votre cousine?

– …

– (5.) Vous ne pouvez pas nous dire où nous pourrions la joindre? (6.) Nous avons quelques questions à lui poser.

– …

– Merci beaucoup, Monsieur, nous passerons demain et parlerons du reste. Bonne nuit.»

Cliquot rangea son portable.

Übung 70: Stellen Sie die unterstrichenen Satzteile aus dem vorhergehenden Textabschnitt und die angebotenen Antworten in die indirekte Rede um! Achten Sie auf die Zeitverschiebung!

Cliquot erzählt:

1. Je lui ai dit (1.)

_____.

2. Il a répondu («Je ne sais pas de quelle cousine vous parlez.»)

_____.

3. Je lui ai alors demandé (3.)

_____.

4. Il a avoué («En effet, nous sommes cousins.»)

_____.

5. J'ai voulu savoir (5.)

_____.

6. J'ai ajouté (6.)

_____.

7. Il a répondu («Je n'ai absolument aucune idée de l'endroit où elle se trouve.»)

_____.

8. Il a ajouté («Cela m'inquiète énormément.»)

_____.

«Il me semble qu'il était un peu agité du fait de la disparition de Christine.»

Nathalie bailla démonstrativement. Elle trouvait qu'elle en avait assez fait pour aujourd'hui!

«On continue demain», dit Cliquot en pensant la même chose qu'elle.

Cliquot déposa Nathalie chez elle, laissa la voiture de service au commissariat et partit faire un tour dans son bar-tabac.

Pierre était au comptoir, c'était un truand que Cliquot avait déjà expédié en vacances aux frais de l'état. Il ne le reprochait pas à Cliquot. Il considérait cela probablement comme un risque du métier.

«Je ne suis pas en activité, dit Pierre aussitôt. Il essayait de dissimuler sa mauvaise conscience.

– Je sais, mon bon Pierre! Je veux simplement te demander un service.

– Mais volontiers!»

Cliquot se commanda un verre d'eau. Il avait assez bu de vin pour aujourd'hui.

ÜBUNG 71

Übung 71: Wählen Sie die passende Präposition und ergänzen Sie mit dem unabhängigen Pronomen!
(sans, pour, grâce à, chez, à cause de, près de)

1. Je t'ai fait cette liste. Je l'ai faite

_____.

2. Vous m'avez aidé dans mon enquête. Nous avons réussi

_____.

3. Cette femme m'a fait perdre du temps. Je suis en retard

_____.

4. Elles sont encore à la maison. Elles sont

_____.

5. Je ne m'éloigne pas de ta chambre. Je reste

_____.

6. Elle m'a manqué. Je n'aime pas travailler

_____.

«Je cherche une jeune fille.
– Tu n'es pas le seul!» dit Pierre.
Cliquot lui lança un regard furieux.
«Cette jeune fille est un témoin important. Elle s'appelle Christine Colombe et est originaire de Bourgogne. Elle parle d'une manière un peu lente.
– Elle est mignonne? se renseigna Pierre.
– Oui, elle l'est. Ecoute ce qu'on raconte autour de toi, lui dit Cliquot. Si tu entends quelque chose d'intéressant, appelle-moi!»
Pierre était en train de réfléchir. On pouvait le voir sur son visage.
«Monsieur l'Inspecteur, je devais également écouter les rumeurs sur, hum, sur des gars qui n'hésitent pas à frapper si nécessaire …»
Cliquot déposa de la monnaie sur le comptoir.
«Oui, continue d'y faire attention mais la jeune fille est plus importante.»
Cliquot se dirigeait vers la porte.
«Votre béret, Monsieur l'inspecteur», lui rappela Pierre. Il serait une fois de plus parti sans son béret.
Devenait-il vieux et distrait? Oh, il était simplement fatigué.

Übung 72: *Bilden Sie das zum Adjektiv passende Adverb! Verwenden Sie **d'une manière …,** wenn dies nicht möglich ist!*

1. Elle juge (raisonnable) _____

2. Il lui répond (amical) _____

3. Il travaille (concentré) _____

4. Il se comporte (prétentieux) _____

5. Cette décision, il la prend, (final) _____

6. Elle raconte (excité) _____

«Cette fois, c'est moi qui conduis», décida Cliquot le matin suivant. Il avait mauvaise conscience parce que Nathalie avait assumé tous les trajets pendant qu'il avait dormi.
«Oh non, réagit vite Nathalie, il ne vaut mieux pas!»
La manière de conduire de Cliquot la veille lui avait suffi. Il était un horrible conducteur. Trop rapide et déconcentré. Il ignorait les feux rouges, les limitations de vitesse et maintes autres règles du code de la route le concernant. Mais gare aux autres s'ils enfreignaient une seule petite règle! Alors, il devenait enragé et criait à en faire mal aux oreilles.

Übung 73: *Vervollständigen Sie den Satz im Präsens und verwenden Sie dabei die Hervorhebung **c'est/ce sont** und das Relativpronomen **qui/que**!*

1. (mon assistante et moi) mener l'enquête

_____

2. (un des témoins) mentir

_____

3. (sa cousine et lui) l'inspecteur trouver suspect

_____

4. (le conducteur de la voiture) ne pas s'arrêter au feu

_____

5. (la cousine) disparaître

_____

6. (sa femme et sa fille) faire une déclaration

_____

«Euh, je veux dire, dit Nathalie en souriant à son chef, vous pourrez mieux vous concentrer sur l'enquête en tant que passager.»
Cela suffit, par chance, pour convaincre Cliquot qui se laissa glisser dans le siège passager.
«Attachez-vous donc les cheveux, grommela-t-il, vous ne voyez rien avec ce rideau devant les yeux!»
Nathalie soupira et noua ses beaux cheveux blonds en queue de cheval.

Übung 74: Unterstreichen Sie im nächsten Textabschnitt die sieben Verben im Perfekt! Schreiben Sie die jeweiligen Infinitive auf!

Le portable de Cliquot sonna un peu avant Dijon.
«Madame Beauchamp? s'étonna Cliquot.

– Quelqu'un a battu Pascal cette nuit, dit Madame Beauchamp. Il est à l'hôpital. Heureusement, il n'a pas perdu connaissance.»

J'espère qu'il pourra nous dire qui est le coupable, pensa Cliquot.

«Il a fallu que ça arrive pendant les vendanges, se plaignit Madame Beauchamp. Mon mari s'est rendu à une vente aux enchères et ne revient que dans deux jours!»

Cliquot et Nathalie se rendirent directement à l'hôpital où on avait transporté Pascal Legrand. Madame Beauchamp l'avait trouvé ce matin dans la cave à vin et l'avait tout de suite fait transporter à l'hôpital.

Pascal Legrand était vraiment en mauvais état. Un pansement était fixé au-dessus de l'œil gauche alors que l'œil droit au beurre noir était enflé. Sa main droite avait l'air d'avoir été écrasée dans un étau. On voyait des traces d'étranglement autour de son cou et des hématomes sur tout le corps.

Cliquot fit signe au médecin de le suivre dans le couloir.

«Que s'est-il passé? demanda-t-il une fois dehors.

– Quelqu'un l'a battu consciencieusement, dit le jeune médecin. Mais ça a l'air plus grave que ça ne l'est vraiment. Il n'a pas de lésions internes.

– Il a eu de la chance alors!

– Oui! dit le jeune médecin. Par prudence, nous le gardons quand même sous surveillance encore une journée. Demain au plus tard, il pourra rentrer chez lui.»

Cliquot le remercia pour les informations et retourna dans la chambre du malade.

1. _____
2. _____
3. _____

4. _____

5. _____

6. _____

7. _____

«Alors? Qui vous a frappé? demanda-t-il.

L'inspecteur alla droit au but.

– Je ne veux pas en parler, dit Pascal Legrand. Ce n'est pas si grave que ça.

– Vous pourriez porter plainte, dit Cliquot. Vous pourriez même recevoir un dédommagement. Vous vous retrouvez tout de même un ou deux jours sans pouvoir travailler.

– Oh, Pascal balaya l'air de sa main indemne pour montrer qu'il ne voulait pas accorder d'importance à l'histoire.

– Je vous rappelle que nous menons une enquête sur un meurtre.

– Mais ça n'a rien à voir du tout avec le meurtre, dit Pascal Legrand.

– C'est à moi de décider si c'est en rapport avec le meurtre ou non, dit Cliquot en perdant patience. Je vous rappelle que l'inspecteur de police, c'est moi. Alors, dites-le-nous, qui est-ce?

– Beauchamp, dit-il finalement avec grand-peine.

– Beauchamp? répétèrent Cliquot et Nathalie en même temps. Mais pourquoi?

– Il m'a menacé, il veut savoir, où est Christine.

– Tout comme nous, dit Cliquot. Pourquoi ne le lui avez-vous pas révélé?

– Je ne sais pas non plus où elle s'est cachée!

– Et Beauchamp voulait vous battre jusqu'à ce que vous lui disiez ou elle est?»

Pascal hocha la tête.

Übung 75: Streichen Sie das „schwarze Schaf" durch!

1. agréable, sincère, sérieusement, calme
2. attentionné, dévoué, surdoué, amitié
3. étonnement, sincèrement, galamment, immédiatement
4. participant, élégant, créant, voyageant
5. amusement, événement, carrément, entendement
6. pouvoir, devoir, voir, savoir, vouloir

«Je comprends, dit Cliquot, bien qu'il ne comprît rien du tout. Et Pourquoi?»

Pascal Legrand hésita un moment et porta les mains à la tête comme s'il avait des douleurs.

«Christine m'a appelé. Elle a vu que Beauchamp avait versé quelque chose dans le verre de Clément. Le contenu d'une ampoule.»

Cliquot et Nathalie avaient le regard fixé sur Legrand.

«Elle a peur qu'il lui fasse du mal. C'est la raison pour laquelle elle s'est cachée.

– Pourquoi n'a-t-elle rien dit à la police?

– Parce qu'elle a aussi peur que vous ne la croyiez pas et que Beauchamp la fasse passer pour coupable.»

Pascal Legrand se tourna vers le mur. Par chance pour lui, une infirmière énergique arriva dans la chambre et chassa l'inspecteur et son assistante.

«Qu'en pensez-vous? demanda Nathalie pendant qu'il retournait au parking. Christine pourrait-elle être la meurtrière en fin de compte?

– Elle était sur les lieux du crime, elle allait et venait parmi les invités tout naturellement et personne n'a particulièrement prêté attention à ce qu'elle faisait ou bien où elle se trouvait.»

Comme Madame Clément l'avait déjà souligné: ‹une serveuse très discrète et agréable comme il le faut›.

«Oui, dit Nathalie, elle en avait l'occasion mais avait-elle aussi un mobile?

– Pourquoi voudrait-elle tuer Clément? songea Cliquot à voix haute. Ou porter préjudice à Beauchamp?»

*Übung 76: Verwenden Sie **comme si** und das Imperfekt!*

1. Il fait …   (il, comprendre)

2. Il fait …   (il, avoir mal à la tête)

3. C'était …   (elle, craindre quelque chose)

4. Elle me fixait …   (je, être coupable)

5. Elle m'a appelé …   (il, être arrivé quelque chose de grave)

6. …   (elle, pouvoir tuer quelqu'un!)

Non, pensa Cliquot, tous les indices nous amènent à Beauchamp. Cliquot et Nathalie restèrent de longues heures assis au commissariat à réfléchir au dossier Clément. Ils comparèrent toutes les informations qu'ils avaient réunies et en revinrent toujours au même résultat: Beauchamp était le plus suspect de tous.

«J'ai besoin d'air frais, dit Nathalie sinon je ne peux plus réfléchir.»
Cliquot la regarda ouvrir une fenêtre et se pencher vers l'extérieur. Mais tout à coup, il vit devant lui non pas Nathalie mais bel et bien Madame Clément en train de se recouvrir les épaules à cause d'un courant d'air froid.

«La fenêtre, dit-il, la fenêtre de la salle à manger était ouverte. Bien avant la quatrième dégustation.»

Nathalie se tourna vers Cliquot et le regarda sans le comprendre.

«Le meurtrier a jeté l'ampoule ou le petit flacon contenant le poison par la fenêtre, s'écria Cliquot. Voilà pourquoi nous n'avons rien trouvé!»

Il attrapa son manteau.

«Avec un peu de chance, l'ampoule ou le flacon est encore là et nous trouverons l'un ou l'autre. Peut-être même des empreintes digitales! Allons à l'hôtel Bourgogne!

– Oui, Chef, dit Nathalie sans grande conviction, mais avant, ramenez-moi à la maison, j'ai besoin de mon sommeil réparateur de beauté.»

! *Übung 77: Schreiben Sie die Zahlen aus!*

1. le 4e:
2. la 1e:
3. le 2e:
4. 1/4:
5. 1/2:
6. 1/3:

Cliquot se rendit à l'hôtel. Ça dura un certain temps avant que le portier de nuit ne vienne à la porte. Il considéra Cliquot d'un œil méfiant.

«Que faites-vous là en pleine nuit? demanda-t-il, mal luné. Je l'ai vraisemblablement sorti du lit, pensa Cliquot. Ou bien la télévision diffuse un film du soir captivant. Il montra sa carte de policier.

«Ouvrez la porte. Il s'agit d'une enquête policière.»

Le portier s'exécuta rapidement. Il ouvrit la porte et se tint droit face à Cliquot.

«Que puis-je faire pour vous, Monsieur le Commissaire?

– Inspecteur, le corrigea Cliquot impatiemment.

– Menez-moi au jardin de l'hôtel!

– En pleine nuit? Ça ne pouvait pas attendre jusqu'à demain matin?

– Ce n'est pas avec vous que je discuterai ce point, Cliquot éleva la voix, menaçant. Faites simplement ce que je vous dis.

– Oui, Monsieur l'Inspecteur, répondit l'homme intimidé.

– Et apportez-moi une lampe de poche!» dit Cliquot.

Eh oui! Dans l'excitation du moment, il l'avait vraiment oubliée! Le portier de nuit, plein de zèle, alla chercher une lampe de poche. Ils passèrent par un passage souterrain pour accéder au jardin. Curieux, le portier attendait les instructions suivantes.

Übung 78: Partizip Präsens oder Verbaladjektiv? Gleichen Sie an wenn nötig!

1. Cet homme a des yeux méfiant _____ .

2. Les femmes s'approchaient, se méfiant _____ de lui.

3. L'histoire du film est captivant _____ .

4. Ils parlaient captivant _____ leur auditoire.

5. Ils élèvent la voix, menaçant _____ le public.

6. Ils parlent d'une voix menaçant _____ .

7. Elle a un savoir-faire impressionant _____ .

8. Il revient dans son village natal dans une voiture de sport, impressionant _____ tout le monde.

«Vous pouvez retourner à votre poste», lui signala Cliquot.
Une fois seul, Cliquot avança dans le jardin et éclaira le terrain avec la lampe de poche. La lampe projetait un puissant rayon de lumière large et lumineux. Il avait vite examiné la bande de gazon soignée et étroite derrière l'hôtel. Heureusement, il n'y avait pas d'arbustes ou des buissons encombrants. Cliquot faisait des allées et venues sur le gazon. Il espérait vraiment trouver quelque chose – il serait reconnaissant pour chaque indice qui l'aiderait à résoudre enfin ce casse-tête.
Soudain, il vit quelque chose briller dans l'herbe. Il aurait presque marché sur la petite ampoule de verre.
Il se mit à genoux. Prudemment, il la ramassa avec la petite pincette de son couteau suisse. Il la considéra dans la lumière de la lampe de poche: elle était vide. Il déposa l'ampoule dans un petit sac de plastique qu'il portait toujours sur lui pour ce genre de situation. Il secoua la tête tristement. Si c'était vraiment l'ampoule avec le calmant, Beauchamp avait alors peu de chance de s'en sortir. Ou Christine.
«Pas un mot quant à ma visite, dit Cliquot au portier de nuit. A personne! M'avez-vous bien compris?»
Il lui rendit la lampe de poche.
«Je ne vous ai jamais vu!» ricana le portier.

Übung 79: Formulieren Sie das Gegenteil!

1. Je vous ai toujours vu faire du sport.

___

2. Il y a encore du vin.

___

3. Il est déjà venu.

___

4. Il y avait toujours quelqu'un pour surveiller.

___

5. Il y a encore quelque chose à boire.

___

6. Il y a encore quelqu'un dans la salle.

___

Au moins deux à trois kilomètres séparaient l'Hôtel Bourgogne du commissariat, Cliquot décida cependant de rentrer à pied. Le bon air frais de la nuit lui faisait du bien et il avançait à grandes enjambées. Une fois au commissariat, il déposa sa preuve afin que le reste du contenu et les empreintes digitales fussent examinés.

Non, ça ne lui plaisait vraiment pas que tous les indices désignent le sympathique Beauchamp. Mais il ne pouvait pas fermer les yeux face à tant d'indices. Il s'arrêta au bar-tabac.
Allez, pensa-t-il, je bois encore un ou deux petits verres de rouge et je rentre après à la maison pour enfin dormir. Demain il fera jour.

Il n'aimait pas se laisser stresser. Evidemment, il voulait lui aussi retrouver le meurtrier aussi vite que possible et l'arrêter. Mais il ne ressentait pas vraiment de joie à l'idée d'arrêter Beauchamp. Ça pouvait attendre. D'après lui, le risque que Beauchamp prenne la fuite, était de toute façon nul.

Cliquot se commanda un petit rouge.

«B'soir, commissaire», prononça une voix indistinctement à côté de lui.

C'était Pierre, qui levait son verre. Il était vide.

Übung 80: Setzen Sie den Indikativ oder den Subjonctif der vorgegebenen Verben ein!

1. Il dépose l'ampoule au commissariat afin qu'elle (être) _____ analysée.

2. Ça ne lui plaît pas vraiment qu'elle (prendre) _____ des initiatives.

3. Il pense qu'il (aller) _____ falloir le surveiller.

4. Je ne pense pas qu'ils (savoir) _____ ce qu'elle a l'intention de faire.

5. Quelle chance que vous (avoir) _____ trouvé cette preuve!

6. Mais quel malheur que ce (être) _____ vraisemblablement lui le coupable.

7. Je doute qu'il (pouvoir) _____ se défendre.

«J'ai entendu quelque chose d'intéressant, souffla-t-il.
– J'écoute, dit Cliquot.
– Je veux bien boire un petit rouge avec vous, dit Pierre en levant une autre fois son verre vide.
– Je veux d'abord l'information!»
Cliquot ne croyait pas que Pierre ait une information importante à dévoiler. Il était plus probable qu'il essaie par cet intermédiaire de se faire servir un verre gratuitement.
Pierre soupira et se racla la gorge.
«J'ai la gorge tellement sèche, commissaire. Un peu de liquide, ça fait des miracles.
– Parle, dit Cliquot sans pitié. Sinon c'est moi qui accomplis un miracle!»
Pierre se ressaisit. Il savait très bien quand la patience de Cliquot avait atteint ses limites.
«As-tu des informations au sujet de la jeune fille?
– Quelle jeune fille?» demanda Pierre.
Cliquot lui lança un regard méchant. A cet instant, la jeune fille lui revint à l'esprit. Il devait se renseigner discrètement sur une jeune fille s'appelant Christine Colombe.

*Übung 81: Bilden Sie eine Frage mit der passenden Form von **lequel**!*

1. Tu parles <u>d'une jeune fille</u>. – Il y a plusieurs jeunes filles ici!

    _____ parles-tu en particulier?

2. Vous pensez <u>à un criminel.</u> – Il y a de nombreux criminels dans cette prison!

    _____ pensez-vous exactement?

3. Il a marché le long d'un chemin dans la forêt. – Cette forêt est pleine de chemins.

_____ a-t-il marché?

4. Il y a encore du vin dans une bouteille. – Il y a de nombreuses bouteilles sur la table.

_____ y a-t-il encore du vin?

5. Nous étions assis autour d'une table. – Il y a plusieurs tables dans la pièce!

_____ étiez-vous assis?

6. Il s'est renseigné sur des invités. – Les invités étaient nombreux à la réception.

_____ s'est-il renseigné plus spécialement?

«Non, malheureusement non, Monsieur l'Inspecteur. Aucune rumeur ne court à son sujet. Dans tout le quartier - pas une seule rumeur.
– Et pourquoi me déranges-tu à ce moment-là? demanda Cliquot qui perdait le contrôle de lui-même.
– Parce que j'ai entendu …»
Pierre vérifia d'un regard autour de lui si quelqu'un les observait.
«J'ai entendu parlé d'une altercation», dit-il à voix basse.
Bon, se dit Cliquot, si au moins le dossier des cambriolages avançait un peu.

«Baptiste a eu un travail étrange à faire, souffla-t-il. Il a dû aller de Paris jusqu'en Bourgogne, frapper quelqu'un. En fait, il devait frapper la personne même qui le payait pour ce travail. C'est bizarre, vous ne trouvez pas?

– Hum! fit Cliquot, songeur. Tu ne sais pas par hasard qui l'a engagé?

– Oh non, Baptiste ne dévoilerait jamais son nom. C'est une question d'honneur!»

Übung 82: Setzen Sie die Infinitive an der richtigen Stelle ein!
(se souvenir, s'arrêter, continuer, toucher, aller, laisser, oublier)

Comment Cliquot pouvait-il seulement 1. _____ le code d'honneur!

«Mais l'endroit où il a mis son travail à exécution, il l'a sûrement divulgué?

– Oui, c'était aussi bizarre. Il devait 2. _____ en voiture en Bourgogne et 3. _____ un peu avant un petit village. Pour ne pas 4. _____ de traces, il devait 5. _____ à pied vers le village … Rossignol? Je crois que le village s'appelait Rossignol, dit Pierre en essayant de 6. _____.

– Et après? demanda Cliquot rudement.

– Eh bien, c'est vous qui vouliez que j'écoute les rumeurs dans le milieu sur les cambriolages brutaux ou les bagarres – bien que Baptiste n'ait rien volé.

– Dis à ton ami Baptiste qu'il est bien trop bête pour ça, répondit Cliquot. Et à toi, je te conseille de ne pas en 7. _____ un mot à ton Baptiste, que tu l'as dénoncé.»

«Mais Monsieur l'Inspecteur, c'est une question d'honneur! dit Pierre d'un ton profondément indigné.»
Rossignol ou Rossigny? se questionna Cliquot à voix basse. Il ne montra pas que l'information était très importante pour lui.
Il offrit un verre de vin à Pierre.
«Rossignol, répéta Pierre, adouci. J'en suis sûr maintenant.» Il rit en gloussant.
«Il m'a tout raconté, le Baptiste. Vous avez raison, Monsieur l'Inspecteur, il est trop stupide pour un cambriolage.»

«Vous savez ce que cela signifie?» demanda Cliquot. Il avait rapporté l'entretien avec Pierre à Nathalie.
Ils étaient de nouveau dans la voiture en route vers Dijon. Combien de fois avaient-ils fait ce trajet? Il était bientôt onze heures.
«Oui, dit Nathalie, une nuit de plus où nous ne dormirons pas.
– Mon Dieu, dit Cliquot, vous ne pouvez pas conduire plus vite?
– Si, dit Nathalie, si vous payez la contravention!
– Nous ne commettons pas d'infraction, dit Cliquot, il s'agit d'une mesure policière dans le cadre d'une enquête sur un meurtre.
– Précisons que nous ne savons pas encore de quoi se constitue la mesure, fit remarquer Nathalie.
– Je saurai bientôt ce que nous avons à faire. J'ai le temps de réfléchir jusqu'à ce que nous arrivions à Rossigny», répondit Cliquot, arrogant.
Nathalie accéléra et roula à la vitesse interdite de 130 kilomètres par heure. Elle devait se concentrer car les routes étaient étroites et elle manquait de visibilité.

Übung 83: Bilden Sie das Konditional II (Vergangenheit) dieser Verben!

1. Nous ne commettons pas d'infraction.

___

2. De quoi se constitue la mesure?

___

3. Il m'a tout raconté.

___

4. Avaient-ils fait ce trajet?

___

5. Il rit.

6. Il offrit un verre.

___

Quelques kilomètres avant Rossigny, deux collègues contrôlant la circulation avec un véhicule civil attendaient des conducteurs imprudents. Depuis plusieurs heures déjà, ils guettaient en vain les routes. C'est donc avec joie qu'ils se mirent à poursuivre Cliquot et Nathalie et arrêtèrent leur voiture.

Le plus petit des deux se rapprocha d'eux sans se déparer de son sourire.

«Vous savez à quelle vitesse vous rouliez? demanda-t-il.

– Dites-le-moi, dit Nathalie, je n'y ai pas prêté attention.

– 130 kilomètres par heure, se réjouit le plus grand, et vous savez quelle vitesse est autorisée sur les routes nationales françaises?

– 90 kilomètres par heure, répondit Nathalie qui avait bien appris sa leçon.
– Et ça fait une différence de combien?» continua le plus petit.
Nathalie s'apprêtait à répondre docilement mais Cliquot descendit de la voiture et se plaça de toute sa hauteur devant les deux policiers.
«Qu'est-ce que vous fabriquez? demanda-t-il d'un air méchant, un exercice de calcul pour débutants?»
Il agitait sa carte de police sous les yeux des deux policiers.
«Cliquot de la police judiciaire de Paris. Nous sommes en train de faire une intervention.
– Si c'est comme ça, on va vous accompagner,» répondit le plus grand avec empressement. C'était vraiment plus intéressant que d'attendre des mauvais conducteurs!
«Avec notre sirène …
– Tout à fait, dit Cliquot furieux, il ne manquerait plus que vous préveniez nos suspects avec le gyrophare et la sirène.»

> *Übung 84: a) Bilden Sie vergleichende Sätze im Präsens! b) Setzen Sie dann die Sätze in den Plural!*

1. (la voiture de police) (être) (– confortable) (la voiture privée)

a) _____

b) _____

2. (l'enquête policière) (être certainement) (+ intéressant) (d'attendre un chauffard)

a) _____

b) _____

3. (le vin de ce domaine français) (paraître être) (+ apprécié) (celui) (un domaine étranger)

a) _____

b) _____

4. (ce nouveau portable) (sembler être) (+ sophistiqué) (le téléphone fixe)

a) _____

b) _____

5. (ce nouvel arrivage de vin) (paraître être) (+ bon) (celui de l'année dernière)

a) _____

_____

b) _____

_____

Cliquot allait remonter en voiture lorsqu'une autre idée lui vint à l'esprit.
«Le carrefour, celui de Paris-Dijon …
– Vous voulez dire, le carrefour où les routes nationales de Paris et de Dijon se croisent?»
Cliquot hocha la tête.
«Prenez position là-bas. Si une jeep verte avec l'immatriculation … un instant …»
Il regarda Nathalie d'un œil interrogateur. Nathalie alluma son ordinateur et ouvrit un fichier. Elle trouva l'immatriculation et la communiqua aux deux policiers.
«Inscrivez ça sur papier, commanda Cliquot. Arrêtez ce véhicule. Prenez le prétexte d'un contrôle de la circulation. Avez-vous compris?»
Les deux policiers exécutèrent un mouvement de la tête.
«Arrêtez-le à cause d'une irrégularité quelconque, peu importe laquelle et informez-moi sans qu'il le remarque. Avez-vous compris?
– Affirmatif, dirent les deux policiers en chœur.
– Donnez-moi votre numéro de portable pour que je puisse vous joindre.»

Übung 85: Trennen Sie die Verben (Subjonctif) in der Wortreihe voneinander und tragen Sie sie unter dem passenden Personalpronomen ein!
fassespuissionscomprennesveuillessoyonsaillesayons

1. tu _____   2. nous _____

Silencieux, Nathalie et Cliquot continuèrent leur route vers l'hôpital. Ils ne savaient pas encore comment poursuivre l'enquête.
«Nous devons retrouver Christine. Nous avons besoin de son témoignage.
– Oui! Mais comment faire? demanda Cliquot. Pascal, soi-disant, ne sait pas où elle se cache. Comment l'obliger à nous le révéler?»
Nathalie continuait à chercher une solution. Soudain elle se redressa, laissant apparaître une mine réjouie.
«J'ai trouvé!»
Cliquot attendait curieux de connaître comment sa chère assistante allait pouvoir les sortir d'affaire.
«Ce n'est pas très … Enfin! Ce n'est qu'une astuce.
– Mais rien d'illégal, demanda-t-il méfiant.
– Non, dit Nathalie, juste un peu de cinéma.
– Le principal est que ça fonctionne.»
Nathalie s'empara du portable de Cliquot et composa un numéro de téléphone. Elle attendit un bon moment. Cliquot écoutait la conversation très attentivement.

ÜBUNG 86

Übung 86: Kreuzen Sie an, in welchen Fällen man das Imperfekt verwendet!

- [ ] 1. abgeschlossene Handlung
- [ ] 2. zeitlich unbegrenzt
- [ ] 3. Gewohnheiten
- [ ] 4. Beschreibung des Hintergrunds
- [ ] 5. Situationsbeschreibung
- [ ] 6. Kommentare
- [ ] 7. Zustand

«Allô, Pascal?» dit Nathalie en imitant la manière de parler lente de Christine Colombe. Après avoir écouté la réponse de Pascal, elle rajouta:

«Il faut que tu viennes. C'est urgent!

– …

– Oui, très urgent!

– …

– Oui, tout de suite!

– …

– S'il te plaît! Je ne veux pas en parler au téléphone, c'est trop dangereux.»

Nathalie imita le bruit d'un sanglot comme si elle faisait l'effort de retenir ses larmes de la même manière que Christine Colombe l'avait fait au premier entretien.

«Oui, dit-elle d'une voix tremblante. Oui, aussi vite que possible.»

Elle coupa la liaison.

«Alors? J'étais comment? demanda-t-elle.

– Très convaincante!

– Je n'ai même pas dit que j'étais Christine. Pascal a tout de suite

réagi en disant: 'Christine, tu es censée ne m'appeler qu'en cas d'extrême urgence.'
– Un malentendu que vous ne pouviez pas rectifier aussitôt, ricana Cliquot.»
Cachés derrière un camion garé, ils attendaient en observant l'entrée de l'hôpital.
En effet, Pascal sortit de l'hôpital après dix minutes d'attente. Il portait un imperméable au-dessus de son pyjama et avait ses chaussons aux pieds. Il regarda autour de lui rapidement et se dirigea pressé vers une jeep verte garée sur le parking. Il monta, démarra la voiture et partit.
Nathalie attendit un instant avant de se remettre au volant.

*Übung 87: Ersetzen Sie die Satzteile in Klammern durch eine Infinitivkonstruktion mit **avant de**, **sans**, **pour** oder **après**!*

1. (Avant que vous veniez), vous penserez à prendre vos dossiers.

2. Elle l'a suivi (sans qu'il la voie).

3. Nous les avons suivis (après que nous les avons vus disparaître) au coin.

4. Ils l'ont observé (sans qu'on les ait remarqués).

5. Ils se sont cachés (pour qu'on ne les voie pas).

_____

6. (Avant qu'il sorte), le criminel a regardé à droite et à gauche.

_____

Par chance, il y avait encore un peu de circulation sur les routes. Ils pouvaient se dissimuler derrière quelques voitures sans le perdre de vue.

Au bout de deux kilomètres, Pascal tourna à droite et s'engagea dans une cour, se gara et disparut dans une petite maison qui appartenait à un complexe de maisons de vacances.

A l'abri derrière un gros buisson, Nathalie et Cliquot attendaient la suite des événements.

Peu de temps après, Pascal Legrand, fou de rage, ressortit de la maison, regarda à droite et à gauche, remonta dans sa jeep et démarra sur les chapeaux de roue.

«Vous croyez qu'il prend la fuite? demanda Nathalie.

– Non, dit Cliquot. Il retourne à l'hôpital sinon son histoire n'a plus ni queue ni tête.

– Allons donc parler avec Mademoiselle.»

Ils descendirent de voiture.

*Übung 88: Setzen Sie, je nach dem Gebrauch des Verbs, die Präpositionen **à, de**, das Pronomen **en** oder nichts (–) ein!*

«Vous allez sonner 1. _____ la porte de devant. Je vais faire le tour de la maison si jamais elle essaie 2. _____ prendre la fuite par derrière.»

Christine tenta effectivement 3. _____ fuir, elle courait à travers les champs derrière la maison en direction de la forêt. Cliquot se mit 4. _____ la poursuivre de ses longues jambes et la rattrapa en un rien de temps. Elle retourna dans la maison avec Cliquot sans aucune résistance.

Quelques minutes plus tard, ils étaient assis dans une cuisine désordonnée.

Christine était en larmes et ne voulut même pas 5. _____ boire du thé que Nathalie avait préparé.

«Vous allez m'arrêter? demanda Christine Colombe craintivement.
– Non, dit Cliquot. Mais vous feriez mieux de nous raconter 6. _____ tout ce que vous savez.»

Christine Colombe se moucha le nez, prit finalement une tasse de thé et en but une gorgée.

«C'est moi, avoua Christine Colombe. J'ai versé 7. _____ le contenu de l'ampoule dans le verre de Clément. Ils n'y ont vu que du feu.»

Elle leva les yeux.

«Au début, j'avais caché l'ampoule vide dans la poche de ma jupe. Je devais la déposer dans la poche de veste de Beauchamp qui était pendue dans la garde-robe à l'extérieur de la pièce. Et puis quelqu'un a ouvert la fenêtre, je crois que c'était Monsieur Brasseur et c'est par là que j'ai jeté l'ampoule profitant 8. _____ un moment d'inattention. Je voulais m' 9. _____ débarrasser à tout prix, je ne voulais pas la garder une seconde de plus sur moi. Mais c'était stupide de ma part.»

Elle fixait le vide devant elle.

«Plus tard je me suis lavé les mains autant que j'ai pu. Pascal m'a dit 10. _____ continuer 11. _____ travailler comme si de rien n'était. Mais je n'12. _____ étais pas capable. Il a dit que je ne l'avais pas tué, qu'il serait mort de toute façon.»

«Mais pas ce soir-là, dit Cliquot. Non, il est mort à cause du calmant qui était dans l'ampoule. Je l'ai retrouvée d'ailleurs.»
Christine Colombe éclata de nouveau en sanglots.
«Ce n'était qu'une mauvaise plaisanterie, dit Christine Colombe en pleurant. Pascal disait que nous allions jouer un tour à Clément. Il s'est toujours vanté de reconnaître chaque vin, les yeux bandés. ‹Nous verserons quelque chose dans son verre, quelque chose d'inoffensif, quelque chose qui change le goût du vin.› Je l'ai cru. Jusqu'au moment où il est mort. Il s'est d'abord écroulé vers l'avant et puis il ne bougeait plus du tout, la tête sur la table. C'était si horrible!»
Elle continuait à verser de grosses larmes.
«Je vais être jetée en prison?»
– Non, dit Cliquot, d'ailleurs ce n'est pas du domaine de la police, les juges s'en occuperont.

– Ce que je ne saisis pas, dit Nathalie, c'est la raison pour laquelle vous avez aidé Pascal?
– Nous nous connaissons depuis que nous sommes enfants. Il a toujours été comme un grand frère pour moi.»
Christine Colombe se remit à pleurer, elle cachait son visage dans son mouchoir.
«Je lui ai fait confiance et je l'ai cru quand il a dit que c'était une plaisanterie que nous faisions à Clément.»

*Übung 89: Finden Sie heraus, ob es sich um ein direktes Pronomen **(D.)** oder ein indirektes Pronomen **(Ind.)** handelt und unterstreichen Sie die richtige Alternative!*

Nathalie posa ses mains sur les épaules de Christine Colombe.
«Et en plus, il (1. D., Ind.) me faisait tellement de peine. En fin de compte, il avait perdu tout son héritage au profit de Beauchamp …»
Cliquot et Nathalie (2. D., Ind.) se regardèrent étonnés.
«Vous (3. D., Ind.) nous raconterez ça plus tard, maintenant il faut (4. D., Ind.) nous aider à confondre Pascal Legrand.»
Cliquot approuva de la tête.
«Dans le cas contraire, c'est sa parole contre la vôtre. Il affirmera que vous avez tué Clément, n'est-ce pas?»
Christine Colombe approuva, désespérée.
«Vous allez (5. D., Ind.) l'appeler et (6. D., Ind.) lui expliquer qu'il doit à tout prix récupérer l'ampoule dans le jardin de l'hôtel.»
Nathalie protégea maternellement Christine Colombe en posant son bras autour des ses épaules.
«Dites- (7. D., Ind.) lui que vos collègues de l'hôtel (8. D., Ind.) vous ont raconté que la police avait terminé l'inspection des lieux et qu'il pouvait accéder au jardin sans être vu.»

Übung 90: *Unterstreichen Sie im nächsten Textabschnitt die zwölf direkten und indirekten Pronomen und tragen Sie sie unten ein!*

1. direktes Pronomen	2. indirektes Pronomen

Après qu'elle se fut calmée, elle appela Pascal.

«J'ai fait une erreur», dit-elle dans le combiné.

Elle lui raconta qu'elle avait jeté l'ampoule dans le jardin de l'hôtel. Elle devait probablement encore y être. Si Pascal allait la chercher, il pouvait malgré tout faire accuser Beauchamp en cachant l'ampoule chez lui …

Christine coupa la communication.

«Il a promis de s'en occuper tout de suite», dit-elle.

Ils conseillèrent à Christine Colombe de passer la nuit dans un hôtel. C'était mieux pour elle que Pascal ne puisse pas la joindre. On ne savait pas encore s'il tomberait dans le piège. Le jour suivant, on reviendrait la chercher pour la ramener sur Paris.

Ensuite, Cliquot et Nathalie reprirent la route jusqu'au carrefour vers Paris.

Après un quart d'heure d'attente, la jeep verte passa devant eux à grande vitesse. Nathalie et Cliquot la suivirent dans leur voiture et la filèrent tellement discrètement que Pascal Legrand ne les remarqua pas un instant.

Übung 91: Gleichen Sie das Partizip Perfekt an wenn nötig!

La jeep fut 1. stoppé___ au carrefour de Paris-Dijon.

Cliquot fut très 2. satisfait_____ lorsqu'il vit comment les deux policiers prirent position à côté de la voiture de Pascal Legrand. Il leur avait expliqué la situation et leur avait bien 3. dit___ de faire durer la vérification des papiers de Legrand aussi longtemps que possible. Entre collègues, on pouvait bien se rendre des petits services!

«Il ne nous reste plus qu'à espérer que nos amis le retiendront au carrefour, au moins le temps que nous déposions notre ampoule et que nous nous trouvions une cachette dans le jardin de l'hôtel.»

Ils eurent tout juste le temps de s'exécuter.

4. Embusqué___ derrière une table de jardin 5. renversé ___, ils purent observer Pascal Legrand escalader le mur du jardin de l'hôtel et chercher l'ampoule. Il l'avait vite 6. trouvé___, 7. mis___ dans sa poche et voulait faire demi-tour et escalader le mur lorsque Cliquot l'arrêta.

«Eh, qu'est-ce que ça veut dire? grogna Pascal Legrand qui n'avait pas 8. reconnu___ Cliquot tout de suite.

– C'est à vous de me l'expliquer, Monsieur Legrand», dit Cliquot.

Übung 92: *Formulieren Sie den zweiten Teil des Satzes mit **si** oder **lorsque**! Achten Sie dabei auf die Zeiten!*

1. Je viendrai (je, pouvoir).

___

2. Je viendrais (je, être libre).

___

3. Tu ferais moins d'erreurs (tu, faire plus attention).

___

4. Il sera plus riche (il, hériter).

___

5. Les témoins seront plus tranquilles (l'affaire, régler).

___

6. Il n'y serait pas allé (il, savoir).

___

7. Je t'aiderai (je, pouvoir).

___

Il ne put dire un mot de plus car Pascal lui avait asséné un coup violent qui le fit tomber à terre. Le temps de se redresser, Pascal Legrand passait déjà par-dessus le mur.

Cliquot le poursuivit et escalada avec peine le mur. Ouïe! Son dos, il espérait ne s'être rien déboîté. Devait-il maintenant vraiment sauter de l'autre côté du mur? Il hésita. Nathalie s'était informée au préalable. Elle savait que, de l'autre côté du mur dans le jardin voisin, le mur mitoyen d'une maison empêcherait Legrand de prendre la fuite. Pascal Legrand était pris au piège.

Elle courut de l'autre côté du terrain de l'hôtel et attendit là que Pascal ait fini d'escalader le mur et qu'il ait sauté par terre. Pascal Legrand resta consterné devant le mur mitoyen qui s'élevait devant lui. Il était haut de plusieurs mètres sans une seule fenêtre, sans un rebord qui l'aidât dans son escalade à poursuivre sa fuite. Il fit quand même de vaines tentatives pour grimper au mur. Désespéré, il s'élançait contre le mur pour essayer de sauter. Sa consternation augmenta encore lorsqu'il se retourna et vit Nathalie se diriger vers lui.

«Ne bougez plus, Monsieur Legrand, vous êtes en état d'arrestation», lui cria-t-elle.

Übung 93: Markieren Sie die richtige Alternative!

1. rêver
    - [ ] a) à arrêter quelqu'un
    - [ ] b) d'arrêter quelqu'un

2. s'amuser
    - [ ] a) à faire peur à quelqu'un
    - [ ] b) de faire peur à quelqu'un

3. arrêter
    - [ ] a) à courir
    - [ ] b) de courir

4. contraindre quelqu'un
    - [ ] a) à s'arrêter
    - [ ] b) de s'arrêter

5. interdire à quelqu'un
   - [ ] a) à s'interposer
   - [ ] b) de s'interposer

6. décider quelqu'un
   - [ ] a) à participer
   - [ ] b) de participer

Elle rêvait depuis longtemps de prononcer cette phrase. Elle resta où elle était, les jambes posées solidement au sol, légèrement écartées comme les hommes le font dans les films policiers. La seule chose qui était dommage était que sa voix tremblait de peur et que ses jambes flageolaient.

Pascal Legrand émit un ricanement et fit un pas dans sa direction. J'arriverai facilement à bout de cette moitié de femme, pensa-t-il.

«Stop, cria Nathalie encore une fois, je suis armée. Je … je tire.»

Pascal hésita encore un instant. Ce qu'il distinguait dans l'ombre de sa main pouvait tout à fait être une arme.

Entre-temps, Cliquot avait fini de grimper sur le mur du jardin de l'hôtel. Il se tenait au bord en respirant lourdement. Mon Dieu! Fallait-il sauter de cette hauteur? Il y avait plus de deux mètres! Il cessa d'hésiter et dans un ultime effort tel le héros à la fin d'un film, il se jeta sur le meurtrier et le fit tomber en atterrissant de tout son poids sur lui.

Dans la chute, le suspect se cassa un poignet. C'était malheureusement la main qui avait été épargnée lors de la simulation de bagarre, ce qui empêcha Pascal Legrand d'accomplir ce qu'il avait déjà l'intention de faire depuis le début: récupérer l'ampoule dans sa poche et la jeter loin de lui. Cliquot avait récolté des contusions et des éraflures alors que Nathalie avait fait tomber son ‹arme› de peur.

Übung 94: Unterstreichen Sie die Partizip Perfekt-Formen im folgenden Abschnitt!

C'était un vaporisateur de parfum, qu'elle avait tenu d'une manière très adroite: seul le canon de l'arme semblait dépasser de sa poche. Pascal geignait de douleur et de colère de s'être fait prendre à cause de l'astuce de Nathalie.

Cliquot et Nathalie réussirent ensemble à mettre les menottes à Pascal Legrand et à l'emmener au commissariat.

Une fois que sa main fut soignée et bandée, Pascal Legrand avoua tout.

«J'ai incité ma cousine à verser le calmant dans le verre de Clément. Elle ne savait pas que c'était dangereux. Elle croyait que ça n'agirait que sur le sens du goût et que Clément se serait rendu ridicule parce qu'il n'aurait pas pu déguster le vin correctement.»

Une fois le déroulement des évènements éclairci, Cliquot ne voulut savoir qu'une seule chose: «Pourquoi Pascal Legrand avait-il poursuivi Beauchamp avec un désir de vengeance aussi acharné?»

Nathalie avait questionné ses informateurs et trouvé quelques réponses: Il s'appelait autrefois Pascal Dumont comme son père. Sa mère s'était remariée après le suicide de son mari et Pascal fut adopté par Henri Legrand.

Le père de Pascal était un joueur passionné qui avait perdu toute sa fortune à cause du jeu. A la fin, il dut même hypothéquer sa part du domaine. Beauchamp paya toutes les dettes pour que le domaine ne soit pas mis aux enchères et, en contrepartie, fit mettre la part de Dumont à son nom. Ceci ne couvrit même pas la moitié des dettes que Dumont avait accumulées.

«Ma mère ne m'a jamais dit la vérité, dit Pascal, elle disait que Beauchamp était coupable de tout, qu'il m'avait volé mon héritage.

Il aurait profité de la situation de mon père. Elle me fit jurer de récupérer tout mon bien. Et je me suis demandé en premier lieu par quel moyen le plus efficace je pouvais porter préjudice à Beauchamp.»

«J'en suis très triste, confia Beauchamp plus tard à Cliquot. Dumont avait même hypothéqué la maison dans laquelle sa famille habitait. Je l'ai payée pour que la veuve et le fils puissent continuer à y vivre.

– Vous avez agi en tout bien tout honneur, dit Cliquot, mais pourquoi ne lui avez-vous rien dit?

– Je ne voulais pas que Pascal ait honte. Je n'aurais jamais pensé que sa mère ait raconté de telles choses!»

Beauchamp soupira.

«Je lui aurai même rendu sa part une fois qu'il aurait fait ses preuves. Je voulais vraiment voir s'il ferait un bon maître de chai.»

Au lieu de ça, Pascal Legrand attendait son jugement. Le grand public entendit peu parler de cette affaire.

Quelqu'un avait joué de son influence car la presse ne publia que peu d'articles au sujet d'un meurtre pour raisons personnelles et le vin de Beauchamp ne fut pas mentionné une seule fois.

«Je l'ai su tout de suite, dit le préfet de police à son adjoint. Cliquot est un bon élément quand on le garde un peu à l'œil. J'ai toujours cru en lui.

– Vraiment? dit l'adjoint, ironique.

– Si jamais il parvient à résoudre cette histoire de cambriolages, je penserai peut-être à le promouvoir.

– Puis-je annoncer cette bonne nouvelle à Cliquot? demanda l'adjoint du préfet.

– Il ne vaut mieux pas, dit le préfet en faisant marche arrière. Attendons de voir l'attitude de Cliquot. Il ne faudrait pas qu'il se croie plus important qu'il ne l'est.»

Übung 95: Finden Sie das zum Nomen passende Adjektiv und ergänzen Sie!

1. L'influence

    Le fait d'être _____

2. La maladresse

    Le malheur d'être _____

3. La pauvreté

    Le déshonneur d'être _____

4. La solitude

    La tristesse d'être _____

5. L'inutilité

    L'impression d'être _____

6. La franchise

    L'avantage d'être _____

«Le plus beau est que j'ai classé le dossier dans le délai fixé par cet ultimatum impudent, dit Cliquot à Nathalie. Et croyez-vous que l'un de ces messieurs me ferait un compliment? Non! Merci beaucoup, Cliquot, reprenez l'enquête sur les cambriolages.»

Nathalie tapait à l'ordinateur.

«Qu'est-ce que vous écrivez? demanda Cliquot, curieux.

– Des remerciements, répondit Nathalie, laconique, à tous mes informateurs sur le réseau.

– Vous pouvez bien me dévoiler maintenant comment vous faites pour obtenir aussi vite certaines informations?»

Nathalie souriait.

«C'est très simple, Chef. Nous autres archivistes, nous nous ennuyons souvent et c'est ainsi que nous avons créé un réseau. Vous ne pouvez pas vous imaginer à quelle vitesse on apprend des choses sur les administrations, les institutions et toutes les archives – archives de journaux, bibliothèques, chambres des métiers et beaucoup de sites Internet qui se créent entre-temps. Quand on questionne les bonnes personnes, on reçoit les bonnes réponses.

> **Übung 96: Entwirren Sie den Silbensalat! Schreiben Sie die sechs Nomen auf, die alle mit Nathalie zu tun haben!**
>
> *(com   In   ar   or   in   ter   di   chi   pli   na   ves*
> *for   ment   teur   ma   ins   net   ti   tu   tion   tion)*
>
> 1. c _____
> 2. i _____
> 3. o _____
> 4. I _____
> 5. i _____
> 6. a _____

– Mais vous n'êtes pas un pirate ou un fouineur? Ça n'a rien d'illégal? Cliquot la regarda d'un air méfiant. J'ai une réputation que je dois soigner.
– Il serait temps d'y penser!» dit Nathalie.
Cliquot fit un sourire malin.
«Oui, d'accord, cela nous a été utile pour notre enquête. D'un autre côté, sans mon nez de fin limier, ma grande intuition et ma capacité remarquable de combiner les éléments d'une enquête …»
Nathalie se sentait d'humeur généreuse ce jour-là.

«C'est vrai, Chef, approuva-t-elle non sans ironie. Sans vous, l'enquête n'aurait pas abouti aussi vite et aussi discrètement.»
Cliquot allait et venait, la poitrine gonflée par la fierté.
Il avait du mal à rester assis depuis le saut du mur.

«Quand on est capable de produire un aussi bon vin, on ne peut être un mauvais homme, et encore moins un meurtrier!
– Pascal aussi était habile en ce qui concerne le vin», dit Nathalie.
Cliquot secoua la tête.
«Vous faut-il donc être toujours aussi logique, Nathalie?
– Je croyais que c'était une qualité que je devais acquérir à vos côtés.»
Ainsi, ils eurent raison tous les deux: c'était le pouvoir des sentiments et le pouvoir de l'argent qui avait été à l'origine du meurtre.

Übung 97: a) Stellen Sie die Sätze zu negativen Inversionsfragen um! b) Setzen Sie diese Fragen ins Konditional!

1. Elle a toujours raison.

a)_____

b)_____

2. Le pouvoir de l'argent est à l'origine du meurtre.

a)_____

b)_____

3. Je dois acquérir cette qualité auprès de vous.

a)_____

b)_____

4. Ils ont réussi à s'entendre.

a)_____

b)_____

5. Cela peut vous être utile pour l'enquête.

a)_____

b)_____

Quelques jours plus tard, Cliquot reçut un paquet. Il avait rouvert le dossier sur la série de cambriolages qui secouait Paris. Vu les conclusions de l'enquête à ce jour, il n'était pas loin de trouver les auteurs et de les arrêter.

Cliquot ouvrit le paquet. Il contenait une caisse avec une douzaine de bouteilles du Domaine Beauchamp, ainsi qu'une carte jointe avec ces mots:

«Ayez la gentillesse de revenir nous rendre visite, vous et votre charmante assistante. Peut-être à l'occasion d'un dîner bourguignon avec toutes les spécialités que vous ne connaissez pas encore?»

Une caisse de vin, douze bouteilles, pensa Cliquot. Cela ne relève pas encore de la corruption. Juste une récompense, comme un cadeau d'un bon ami. Je l'ai vraiment mérité. Bienheureux, il lut les étiquettes des bouteilles en se réjouissant déjà de boire ce vin si noble. Beauchamp ne s'était pas moqué de lui en lui envoyant les meilleurs vins de sa cave. Il émit un sifflement de reconnaissance.

Il faudra que je donne quelques bouteilles à Nathalie. Il ne voulait pas être mesquin. Sa participation à l'enquête n'avait pas été des moindres – au contraire. Bon, pensa-t-il, je lui cède trois bouteilles. Allez, se reprit-il après un instant de réflexion. Deux bouteilles suffisent. En fin de compte, c'est moi le connaisseur en vin et Nathalie préfère boire de la bière. Elle l'a répété assez souvent.

Abschlusstest

Übung 1: Übersetzen Sie (im Passé Simple oder Imperfekt, wenn nicht anders vom Text verlangt)!

1. Cliquot freute sich schon auf ein ruhiges Wochenende, an dem er nur schlafen und sich erholen wollte, als sein Handy klingelte.

2. Der Präfekt rief ihn an, weil Cliquot einen Mord aufklären sollte, der sich während einer Weinprobe ereignet hatte.

3. Eigentlich wollte Cliquot lieber seine laufende Untersuchung über eine Diebstahlserie zu Ende führen, doch mit der Zeit fand er Gefallen an der aufregenden Morduntersuchung.

4. Seine Assistentin unterstützte ihn bei der Untersuchung und ermittelte im Internet wichtige Hintergrundinformationen zu dem Fall.

5. Im Burgund kamen sie schließlich dem Schuldigen auf die Spur, der aus Rache und Geldgier gehandelt hatte.

Übung 2: Korrigieren Sie die zehn Fehler!

– Eh bien, expliqua Beauchamp, nous concentront notre production sur un nombre réduits de vins de très haute qualité, qu'on vendons très chers et sur deux ou trois vin dans une classe de prix moyenne, ou nous avons certes énorme de concurrence – d'autres régions viticoles de France et de l'étranger produit des vins tout aussi bons que les notres – mais nous espérons pouvoir convaincre suffisamment de clientèle qui sache apprécié le côté particulier de nos vins. Il est important de faire connaître, en particulier pour les petits vignerons.

1. _____
2. _____
3. _____
4. _____
5. _____
6. _____
7. _____
8. _____
9. _____
10. _____

Übung 3: Ersetzen Sie durch die richtigen Pronomen!

Nous avons parlé de (1. tu)_____.

Vous avez peur pour (2. vos filles) _____.

L'héritage n'était pas pour (3. Paul) _____.

Vous auriez dû aller avec (4. les autres invités) _____.

C'est grâce à (5. Pierre et toi) _____ si j'ai réussi.

Ce n'est pas pour (6. Paul et moi) _____ qu'ils l'ont fait.

Vous avez tout fait pour (7. cette personne) _____.

Il s'occupe d'une affaire pour (8. je) _____.

Elle s'est adressée à (9. il) _____ pour demander conseil.

*Übung 4: Setzen Sie **si** oder **quand** ein!*

1. _____ vous aurez terminé de me déranger, je pourrai m'occuper de l'affaire.

2. _____ vous ne prenez pas le temps de vérifier les indices, nous n'avancerons jamais.

3. _____ je n'avais pas Internet, je ne pourrais pas vous aider.

4. _____ nous aurons le temps, vous me montrerez comment ça marche.

5. _____ vous faites le travail discrètement, il n'y aura pas de conséquences sur le plan politique.

6. _____ je m'occupe d'une affaire, je suis toujours discret.

7. _____ c'est cela que vous appelez de la discrétion!

Übung 5: Lösen Sie dieses Kreuzworträtsel, indem Sie die Adverbien der vorgegebenen Adjektive bilden oder übersetzen!

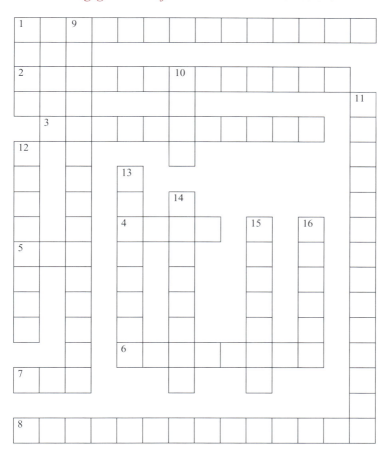

Horizontalement 1. tyrannique 2. opiniâtre 3. logique 4. sehr
5. schlecht 6. immer 7. früh 8. paresseux

Verticalement 1. zu viel 9. raisonnable 10. alles 11. astucieux
12. sûr 13. bête 14. viel 15. fast 16. niemals

Lösungen

Übung 1: 1. est 2. trempez 3. constituez 4. pleut 5. agaçons 6. faisons

Übung 2: 1. des 2. ces 3. parce que 4. ma 5. chacun 6. évènement

Übung 3: 1. ce 2. ce 3. ça 4. son 5. sa 6. ses 7. ses 8. ces 9. ses 10.ses

Übung 4: 1. Il faut qu'il reste prudent. 2. Il faut que tu ne dises rien. 3. Il ne faut pas que vous vous trompiez. (ou: Il faut que vous ne vous trompiez pas.) 4. Il ne faut pas qu'ils l'effarouchent. 5. Il faut que nous les connaissions. 6. Il faut que vous les aidiez.

Übung 5: 1. criant 2. permettant 3. ennuyant 4. faisant 5. essayant 6. donnant 7. prêtant Lösungswort: amusant

Übung 6: 1. rapidement 2. grands 3. Heureusement 4. seulement 5. seconde 6. profondément 7. agréable 8. parisienne 9. folle 10. audacieux 11. vrai 12. réel

Übung 7: 1. A-t-on besoin de vous? 2. Y aurait-il du nouveau? 3. De quoi s'agit-il? 4. Pourquoi le réveillait-on? 5. Que leur as-tu demandé?

Übung 8: 1. Quelqu'un a été empoisonné. 2. La police est concernée par cette affaire. 3. L'inspecteur avait été réveillé par le téléphone. 4. Le préfet de police aura aussi été prévenu (par quelqu'un). 5. Les témoins seront interrogés par l'inspecteur. 6. L'enquête serait menée par les deux policiers.

Übung 9: 1. Tout 2. Tous 3. Tous 4. tout 5. tout

Übung 10: 1. Ne vous inquiétez pas! 2. Ne me le dites pas! 3. Ne m'attendez pas! 4. N'en bois pas! 5. Ne lui en parle pas! 6. Ne les dégustons pas!

Übung 11: 1. qu' 2. ce que 3. ce dont 4. ce qui 5. que 6. qu' 7. que 8. que 9. qui

Übung 12: 1. qu'elle est tout excitée 2. que ce n'est que leur seconde enquête 3. qu'il s'agit d'un meurtre 4. qu'il mènera à bien et rapidement cette enquête 5. qu'ils mèneront à bien et rapidement cette enquête 6. qu'elle a apporté son ordinateur portable au cas où ils en auraient besoin 7. qu'elle peut peut-être trouver des informations utiles sur Internet

Übung 13: 1. anciens 2. vieilles 3. souterraines 4. approprié 5. bougés 6. beaux 7. blonds 8. serrée 9. sévère 10. grosses 11. séduisante

Übung 14: 1. Cliquot l'avait appelée. 2. Elle lui avait raccroché le téléphone au nez. 3. Elle en avait trié des centaines. 4. Elle y travaillait. 5. L'agent l'avait prise. 6. Il en était fier.

Übung 15: 1. b 2. c 3. c 4. a 5. c 6. b

Übung 16: 1. s'assura 2. prit 3. porta 4. promit 5. dit 6. prit 7. serra 8. répondit 9. se tourna 10. expliqua

Übung 17: 1. tournerai, préfèreras, confirmera, luira 2. serra, aérai, effondra, ouvrai

Übung 18: 1. n'était pas 2. nulle part 3. n'avons rien 4. ni, ni 5. pas de 6. Personne ne 7. personne 8. personne n'

Übung 19: 1. commença 2. demanda 3. secoua 4. choqués 5. touché 6. ont participé 7. attendent

Übung 20: 1. un 2. au 3. un 4. du 5. au 6. de 7. du 8. du 9. de l' 10. des

Übung 21: 1. s'inclinant 2. s'efforça 3. vous asseoir 4. s'exécuta 5. s'assit 6. se retrouvait 7. s'excusa 8. se leva 9. s'est passé 10. s'appuya 11. se passait
Übung 22: 1. plus gentils 2. plus bon 3. les moins grands 4. plus pire 5. plus choquée 6. la plus complètes
Übung 23: 1. ce qu'il veut insinuer 2. ce qu'il croit 3. qui peut bien l'avoir assassiné 4. ce qui l'a surprise 5. si ça en vaut la peine 6. pourquoi elle est suspecte, elle aussi 7. ce qu'elle a fait
Übung 24: 1. au 2. au 3. aux 4. en 5. au 6. de 7. à 8. au 9. en 10. en
Übung 25: 1. celui 2. ceux 3. celle 4. celui 5. celle 6. celui 7. celles
Übung 26: 1. fait 2. fait 3. laissé 4. laissé 5. faire 6. fait 7. laissé
Übung 27: 1. quelqu'un 2. quelqu'un 3. toutes 4. toutes 5. aucune
Übung 28: 1. quitté 2. montrées 3. commis 4. trouvé 5. fait 6. déroulée 7. remplis
Übung 29: 1. ait, begaya, recevait 2. confirmais, approuvais, souriais, donnais
Übung 30: 1. nouveau 2. vieille 3. vieil 4. nouvelles 5. nouvelle 6. nouvel
Übung 31: 1. sont 2. avons 3. a 4. sont 5. avons 6. êtes
Übung 32: 1. parfaite 2. sincère 3. vraie 4. gentille 5. suffisante 6. finale
Übung 33: 1. c 2. a 3. b 4. b 5. c 6. a
Übung 34: 1. les siens 2. le mien 3. la sienne 4. du vôtre 5. les vôtres 6. la mienne
Übung 35: 1. m' 2. nous 3. on 4. m' 5. se 6. se 7. lui 8. vous 9. vous
Übung 36: 1. y 2. En 3. y 4. y 5. y 6. en 7. en
Übung 37: 1. s'est penché 2. a dit 3. a montré 4. a ouvert 5. se sont regardés 6. s'est assurée 7. a pris 8. a fait 9. se sont levés 10. ont présenté 11. ont quitté
Übung 38: 1. Prenez-en! 2. Manges-en! 3. Payons-les! 4. Donnez-la-lui! 5. Chassons-la! 6. Prête-la-moi!
Übung 39: 1. Subjonctif 2. Subjonctif 3. Subjonctif 4. Indikativ 5. Indikativ 6. Subjonctif 7. Indikativ
Übung 40: 1. cette 2. ces 3. ces 4. cet 5. cette 6. cet
Übung 41: 1. Quand 2. Si 3. Si 4. Quand 5. S' 6. Si
Übung 42: 1. Les policiers 2. ont relevé 3. des empreintes digitales 4. qu'ils ont trouvées 5. sur les tables 6. et qui ont été comparées 7. avec celles 8. déjà enregistrées.
Übung 43: 1. le meilleur endroit 2. les vins les plus appréciés 3. ma plus vieille bouteille 4. les critiques les plus agressives 5. aux clients les plus difficiles 6. aux criminels les plus audacieux
Übung 44: 1. d), vivre 2. f), pouvoir 3. e), être 4. c), voir 5. a), vouloir 6. b), avoir
Übung 45: 1. ai 2. est 3. ferai 4. craignez 5. réussirez 6. prenez 7. conclura
Übung 46: 1. - 2. ✔ 3. ✔ 4. - 5. ✔ 6. -
Übung 47: 1. La présumée coupable 2. que j'ai observée 3. me semble être très sportive 4. car elle s'est enfuie 5. et m'a laissée 6. loin derrière elle, 7. elle s'est échappée 8. telle une criminelle.
Übung 48: 1. qui 2. dont 3. qui 4. où, où 5. qui, ce qu'

Übung 49: 1. Nathalie était restée 2. Elle ne s'était pas trompée 3. Elle et moi (nous) avions utilisé 4. L'inspecteur s'était endormi 5. Ils étaient arrivés 6. Ils s'étaient téléphoné

Übung 50: 1. lequel 2. lesquelles 3. laquelle 4. desquelles 5. lesquelles 6. duquel

Übung 51: 1. les 2. leur 3. les 4. leur 5. leur 6. les

Übung 52: 1. à 2. __ 3. __ 4. à 5. __ 6. __

Übung 53: 1. Il ne vivait que pour ses bouteilles. 2. Il ne vous reste qu'à venir. 3. Elle n'a que toi pour ami. 4. Nous ne voulons qu'un verre de vin. 5. Ils n'aiment que la bonne cuisine. 6. Un homme ne doit pas qu'être beau physiquement.

Übung 54: 1. cru, voir 2. croyez, vu, crois 3. croit

Übung 55: 1. examinait 2. s'adressa 3. veux 4. pourriez 5. répondant 6. aurais … tué 7. craigniez 8. vivons 9. étais 10. doit

Übung 56: 1. réfléchissons 2. ai … réfléchi, réfléchis 3. réfléchissent 4. réfléchit 5. réfléchissais

Übung 57: 1. prochains 2. dernière 3. prochaine 4. premiers 5. derniers 6. dernière

Übung 58: 1. Qu'est-ce que 2. ce qui 3. est-ce que 4. qui 5. qu'est-ce que 6. (Qui est-ce) qui 7. Est-ce que 8. ce qui

Übung 59: 1. le long d' 2. devant 3. dans 4. le long du 5. dans 6. dans 7. vers 8. dans

Übung 60: 1. verrai 2. pourras 3. pleuvra 4. faudra 5. irons 6. devrez

Übung 61: 1. autant 2. aussi 3. autant 4. autant 5. aussi 6. aussi 7. autant 8. aussi 9. autant 10. autant

Übung 62: 1. plusieurs 2. Tous 3. Certains 4. d'autres 5. n'importe quel 6. Diverses

Übung 63: 1. très 2. aujourd'hui 3. depuis 4. Avant 5. assez 6. sûrement 7. même 8. quelquefois 9. sincèrement 10. plutôt

Übung 64: 1. de se réveiller 2. qu'ils étaient à Paris 3. qu'il ne dormait pas 4. qu'il réfléchissait 5. quels étaient les résultats 6. qu'il avait rêvé d'elle 7. qu'elle avait un vrai talent d'imitatrice

Übung 65: 1. l'enquête progresse 2. l'enquête évolue 3. les témoins ont été interrogés 4. le portable a disparu 5. les empreintes ont été prélevées 6. le vin sera livré 7. son assistante arrivera.

Übung 66: 1. disais 2. écrivais 3. commençait 4. ennuyions 5. vérifiiez 6. avaient 7. interrogeais 8. travaillais Lösungswort: décevait

Übung 67: 1. peux 2. sais 3. veut 4. voulu 5. pouvez 6. dû

Übung 68: 1. Quoi qu'il dise 2. Quoi que vous fassiez 3. Quoi qu'ils pensent 4. Quoi que tu veuilles faire 5. Quoi que nous prenions 6. Quoi que je fasse

Übung 69: 1. Quel accident? 2. Quelle plainte? 3. Quel meurtre? 4. Quelles amies? 5. Quelle chambre? 6. Quels clients?

Übung 70: 1. que nous cherchions sa cousine 2. qu'il ne savait pas de quelle cousine je parlais 3. si Christine Colombe était bien sa cousine 4. qu'en effet, ils étaient cousins 5. s'il ne pouvait pas nous dire où nous pourrions la joindre 6. que nous avions quelques questions à lui poser 7. qu'il n'avait absolument aucune idée de l'endroit où elle se trouvait 8. que cela l'inquiétait énormément

Übung 71: 1. pour toi 2. grâce à vous 3. à cause d'elle 4. chez elles 5. près de toi 6. sans elle

Übung 72: 1. raisonnablement 2. amicalement 3. d'une manière concentrée 4. prétentieusement 5. finalement 6. d'une manière excitée

Übung 73: 1. C'est nous qui menons l'enquête. 2. C'est lui qui ment. 3. Ce sont eux que l'inspecteur trouve suspects. 4. C'est lui qui ne s'est pas arrêté au feu. 5. C'est elle qui disparaît. 6. Ce sont elles qui font une déclaration.

Übung 74: 1. a battu, battre 2. a perdu, perdre 3. a fallu, falloir 4. s'est rendu, se rendre 5. s'est passé, se passer 6. a battu, battre 7. a eu, avoir

Übung 75: 1. sérieusement 2. amitié 3. étonnement 4. élégant 5. carrément 6. voir

Übung 76: 1. comme s'il comprenait 2. comme s'il avait mal à la tête 3. comme si elle craignait quelque chose 4. comme si j'étais coupable 5. comme s'il était arrivé quelque chose de grave 6. Comme si elle pouvait tuer quelqu'un!

Übung 77: 1. le quatrième 2. la première 3. le deuxième (le second) 4. un quart 5. un demi 6. un tiers

Übung 78: 1. méfiants 2. se méfiant 3. captivante 4. captivant 5. menaçant 6. menaçante 7. impressionnant 8. impressionnant

Übung 79: 1. Je ne vous ai jamais vu faire de sport. 2. Il n'y a plus de vin. 3. Il n'est pas encore venu. 4. Il n'y avait jamais personne pour surveiller. 5. Il n'y a plus rien à boire. 6. Il n'y a plus personne dans la salle.

Übung 80: 1. soit 2. prenne 3. va 4. sachent 5. ayez 6. soit 7. puisse

Übung 81: 1. De laquelle 2. Auquel 3. Le long duquel 4. Dans laquelle 5. Autour de laquelle 6. Sur lesquels

Übung 82: 1. oublier 2. aller 3. s'arrêter 4. laisser 5. continuer 6. se souvenir 7. toucher

Übung 83: 1. Nous n'aurions pas commis d'infraction. 2. De quoi se serait constituée la mesure? 3. Il m'aurait tout raconté. 4. Auraient-ils fait ce trajet? 5. Il aurait ri. 6. Il aurait offert un verre.

Übung 84: 1. a) La voiture de police est moins confortable que la voiture privée. b) Les voitures de police sont moins confortables que les voitures privées. 2. a) L'enquête policière est certainement plus intéressante que d'attendre un chauffard. b) Les enquêtes policières sont certainement plus intéressantes que d'attendre des chauffards. 3. a) Le vin de ce domaine français paraît être plus apprécié que celui d'un domaine étranger. b) Les vins de ces domaines français paraissent être plus appréciés que ceux des domaines étrangers. 4. a) Ce nouveau portable semble être beaucoup plus sophistiqué que le téléphone fixe. b) Ces nouveaux portables semblent être beaucoup plus sophistiqués que les téléphones fixes. 5. a) Ce nouvel arrivage de vin paraît être bien meilleur que celui de l'année dernière. b) Ces nouveaux arrivages de vins paraissent être bien meilleurs que ceux des dernières années.

Übung 85: 1. fasses, comprennes, veuilles, ailles 2. puissions, soyons, ayons

Übung 86: 2, 3, 4, 5, 6, 7

Übung 87: 1. Avant de venir 2. sans être vue 3. après les avoir vus disparaître 4. sans avoir été remarqués 5. pour ne pas être vus 6. Avant de sortir
Übung 88: 1. à 2. de 3. de 4. à 5. – 6. – 7. – 8. d' 9. en 10. de 11. à 12. en
Übung 89: 1. Ind. 2. D. 3. Ind. 4. D. 5. D 6. Ind. 7. Ind. 8. Ind.
Übung 90: 1. se, la, s', la, la, la, la, la, les 2. lui, y, en
Übung 91: 1. stoppée 2. satisfait 3. dit 4. Embusqués 5. renversée 6. trouvée 7. mise 8. reconnu
Übung 92: 1. lorsque je pourrai 2. si j'étais libre 3. si tu faisais plus attention 4. lorsqu'il aura hérité 5. lorsque l'affaire sera réglée 6. s'il avait su 7. lorsque je pourrai
Übung 93: 1. b 2. a 3. b 4. a 5. b 6. a
Übung 94: tenu, fait, soignée, bandée, incité, rendu, pu, éclairci, poursuivi, questionné, trouvé, remariée, adopté, (acharné, hier Adjektiv)
Übung 95: 1. influent (influençable) 2. maladroit 3. pauvre 4. seul 5. inutile 6. franc
Übung 96: 1. compliment 2. information 3. ordinateur 4. Internet 5. institution 6. archives
Übung 97: 1. a) N'a-t-elle pas toujours raison? b) N'aurait-elle pas toujours raison? 2. a) Le pouvoir de l'argent n'est-il pas à l'origine du meurtre? b) Le pouvoir de l'argent ne serait-il pas à l'origine du meurtre? 3. a) Ne dois-je pas acquérir cette qualité auprès de vous? b) Ne devrais-je pas acquérir cette qualité auprès de vous? 4. a) N'ont-ils pas réussi à s'entendre? b) N'auraient-ils pas réussi à s'entendre? 5. a) Cela ne peut-il pas vous être utile pour l'enquête? b) Cela ne pourrait-il pas vous être utile pour l'enquête?

Lösungen Abschlusstest

Übung 1: 1. Cliquot se réjouissait déjà d'un week-end calme qu'il voulait passer à dormir et à se reposer quand son portable sonna (a sonné). 2. Le préfet appelait Cliquot parce que celui-ci devait élucider un meurtre (assassinat) qui avait eu lieu pendant (lors d') une dégustation de vins. 3. Cliquot aurait préféré terminer son enquête en cours sur une série de vols mais finalement, il prit (il a pris) plaisir à cette enquête sur un meurtre. 4. Son assistante le soutint (l'a soutenu) dans l'enquête et découvrit (a découvert) sur Internet d'importantes informations de fond concernant l'affaire. 5. C'est finalement en Bourgogne qu'ils dépistèrent (ont dépisté) le coupable qui avait agi par vengeance et par cupidité.
Übung 2: 1. concentrons 2. réduit 3. que nous (vendons) 4. (trois) vins 5. où 6. énormément 7. produisent 8. les nôtres 9. apprécier 10. de se faire
Übung 3: 1. toi 2. elles 3. lui 4. eux 5. vous 6. nous 7. elle 8. moi 9. lui
Übung 4: 1. Quand 2. Si 3. Si 4. Quand 5. Si 6. Quand 7. Si
Übung 5: Horizontalement 1. tyranniquement 2. opiniâtrement 3. logiquement 4. très 5. mal 6. toujours 7. tôt 8. paresseusement
Verticalement 1. trop 9. raisonnablement 10. tout 11. astucieusement 12. sûrement 13. bêtement 14. beaucoup 15. presque 16. jamais